Nur Stillstand ist Fortschritt

GÜNTER SEIBOLD

Nur Stillstand ist Fortschritt

Sterben um zu leben

Bibliografische Information der Deutschen Nationalbibliothek
Die Deutsche Nationalbibliothek verzeichnet diese Publikation in der
Deutschen Nationalbibliografie; detaillierte bibliografische Daten sind
im Internet über http://dnb.dnb.de abrufbar.

© 2017 Günter Seibold
Satz, Umschlaggestaltung, Herstellung und Verlag:
BoD – Books on Demand
ISBN 978-3-7412-9910-0

Inhalt

Vorbemerkung	7
Einführung	8
Ausgangssituation	12
Die Kinder des Teufels	18
Diktatur oder Demokratie: Dein Leben unter der Herrschaft der Kinder des Teufels	23
Der Prozess	30
Der Weg der Verwirklichung	36
Die Transformation	45
Ruhen in der Quelle	48
Verharren in der göttlichen Gegenwart	50
Auferstanden!	53
Erfahrung I	60
Erfahrung II	67
Gedicht zu Gottes Güte	72
Nachwort	73

Vorbemerkung

Vorneweg, liebe Leserin, lieber Leser, ein kurzer Hinweis. Aus Gründen der Vereinfachung verwende ich bei meinen Ausführungen überwiegend die männliche Form, wobei die weibliche stets mit gemeint ist. Also keine Diskriminierung, sondern ausschließlich ein einfacherer Schreib- und Lesestil.

Auch bin ich so dreist, meine Leser/innen einfach zu duzen. Das fühlt sich bei diesem Thema für mich stimmiger an. Wer damit nicht einverstanden ist, muss sich bitte die Mühe machen, jedes Du durch ein Sie zu ersetzen oder das Buch einfach wieder beiseite zu legen.

Einführung

Jeder Mensch auf unserem Planeten sucht für sich persönlich Antworten auf die zentralen Fragen des Lebens. Woher komme ich, wer bin ich, wohin gehe ich? Bin ich die Laune eines Zufalls, oder steckt eine gezielte Absicht hinter meiner Existenz?

Der Markt ist voll von Lebens- und Erfolgsratgebern, die vorgeben, eine Antwort auf diese Fragen gefunden zu haben. Manche Menschen haben tatsächlich für sich eine befriedigende Antwort gefunden. Und neigen dazu, diese entscheidende Veränderung in ihrem Leben als Ergebnis irgendeiner Methode, die sie glauben entdeckt zu haben, zu interpretieren. Und gehen davon aus, dass jeder, der ihr Verhalten oder ihre Methode imitiert, zu den gleichen Ergebnissen gelangt.

Und ein Großteil unserer Mitmenschen neigt dazu, sich ein Vorbild, einen Autor, einen Lehrer oder einen Guru zu suchen, um zu entdecken, auf welche Art und Weise dieser seine (vermeintliche) Erleuchtung gefunden hat, in der Hoffnung, durch Nachahmung zum gleichen Ergebnis zu kommen.

Dem ist aber leider nicht so. Du kannst jahrelang in irgendeinem Meditationstempel oder Kloster zu Füssen eines sogenannten Erleuchteten sitzen, damit auf mehr oder weniger magische Weise automatisch dessen Geisteszustand – ähnlich wie bei einer Infektion – auf dich übergeht. Und nichts dergleichen passiert.

Du kannst dich jahrelang im positiven Denken üben und Literatur verschlingen oder Seminare (neudeutsch:

Retreats) besuchen, um eine Verbesserung Deiner Lebensumstände herbei zu führen, und nichts in Deinem Leben verändert sich zu Deinen Gunsten!

Deine Grundannahme ist: so wie mein Leben ist, ist es nicht richtig. Daher muss ich dem Schicksal, dem Leben, Gott, dem Universum oder wie auch immer Du die letzte und höchste Instanz, die Quelle von allem was ist, nennen möchtest, auf die Sprünge helfen. Denn, davon bist Du überzeugt, diese Quelle Deines Lebens, kriegt diese Veränderung ohne Deine Mithilfe nicht gebacken.

Und so bemühst Du Dich Jahr für Jahr mit immer neuen Methoden oder Lehren, die erwünschte Veränderung herbei zu führen.

Aber Fakt ist: »it does not work«! Nichts davon funktioniert. Alle Mühe ist (vielleicht nicht umsonst – in rein finanzieller Hinsicht, aber ansonsten) vergeblich! Du steckst fest im Sumpf deines Lebens. Du drehst dich im Kreis und kommst nicht von der Stelle. Keine Veränderung Deiner Lage oder der Umstände, keine Verbesserung deines Lebens in Sicht.

Wenn du hoffst, dass ich Dir eine neue, bisher unbekannte Methode verrate, den vermuteten Engpassfaktor auf der Straße zum Erfolg , das besondere Geheimnis, welches Dich befähigt, Deine Lebensumstände zu verändern, dann gebe ich Dir folgenden Rat: leg das Buch schnell weg und lauf davon! Ich kann Dir nämlich nur erzählen, was sich in meinem Leben zugetragen hat. Was sich in meinem Leben verändert hat. Und wie es zu diesen Veränderungen kam. Und dass ich mit diesem Geschehen, dem Ablauf, dem Prozess und dem (bisherigen) Ergebnis rein gar nichts zu tun habe.

Mein Bericht wird Dich zum Teil vielleicht sogar schockieren, weil ich Dir klar machen muss, dass Du zuerst sterben musst bevor Du ein wirklich lebenswertes Leben erfahren kannst (keine Angst! Sterben ist nicht wörtlich, sondern im übertragenen Sinn gemeint. Aber nichts desto trotz ziemlich schmerzlich und unangenehm). Bevor Du Geborgenheit in der Quelle von Allem was ist erfährst, kannst Du Dich von all Deinen lieb gewordenen Überzeugungen verabschieden. Bevor Du zur Ruhe im Urgrund unseres Seins gelangst, hast Du zuerst Deine persönliche dunkle Nacht der Seele durchlebt. Bevor Du die beständige ruhige Präsenz des Einen erfährst, hast Du die Hölle der Einsamkeit und des Gefühls der Verlorenheit hinter Dich gebracht. Bevor Du die Einheit allen Lebens und Dein Einssein mit Gott erfährst, hattest Du das beständige Gefühl, unüberbrückbar und für alle Zeit von dem Einen Unaussprechlichen getrennt zu sein.

Und dennoch wird mein Bericht Dir vielleicht Mut machen, dass Du nicht resignierst, dass Du nicht alle Hoffnung und Aussicht auf Veränderung begräbst, und dass Du Dich nicht auch noch selbst dafür verachtest und schuldig fühlst, dass es bisher zu keiner Kursänderung in Deinem Leben gekommen ist. Meine Erzählung soll Dir Mut machen, auszuharren, und trotz widriger Umstände die Hoffnung im Herzen zu behalten, dass alles so ist, wie es sein soll. Dass alles, was sich in Deinem Leben ereignet, nach Plan läuft. Und dass Du Dich mitten im Zentrum eines perfekten Plans befindest. Der unbewegte Beweger Deines Lebens ist auf dem Plan, nichts ist außer Kontrolle, nichts läuft aus dem Ruder, alles ist möglich. Nichts muss, aber alles kann. Du bist nicht irgendwelchen äußeren Umständen und scheinbaren Mächten hilflos ausgeliefert, und musst der Entwicklung Deines Lebens in die scheinbar falsche Richtung weitgehend ohnmächtig zusehen.

Vielleicht bringt Dich die Lektüre meiner Geschichte an den Punkt, dass Du mit jeder Faser Deines Seins spürst: Du bist genau da, wo Du sein sollst. Du bist genau der (die) , der (die) Du sein sollst. Und dass im Zentrum Deiner Wahrnehmung die Gewissheit ist, dass nicht Politik, internationale Hochfinanz oder Justiz Dein Leben diktieren, sondern dass all diese scheinbaren Mächte in unserer Welt nur ein Nichts sind, welches sich in einer Fehlwahrnehmung für ein bedeutendes Etwas hält, ein unbedeutendes Nichts, welches sich irrtümlich im Sinne einer Art Wahnvorstellung für wichtig hält, und Du in Wahrheit schon immer geborgen, sicher und bestens versorgt und geführt mitten im Herzen des Schöpfers, des Quells allen Seins warst und bist, und diese Mitte, den Schoß Deines Schöpfers in Wirklichkeit nie verlassen hast, sondern nur in Deiner inneren Vorstellung der Idee der Trennung von Deinem Schöpfer auf den Leim gingst.

Vielleicht erkennst Du nach der Lektüre dieses Buchs, dass du eigentlich den »Garten Eden«, den Schoß Deines Schöpfers, das Zentrum von allem was ist, nie verlassen hast. Und dass Du im Zentrum aller guten Möglichkeiten bist inmitten der einzigen und Dir stets wohl wollenden Macht.

Ausgangssituation

Tatsachenbericht

Sie wollen Dich zerstören. Sie lassen keine Gelegenheit aus, Dich zu zermürben. Sie zerstören Deine Gesundheit, sie machen Dich fertig, ohne dass Du die Chance hast, Dich zu wehren. Sie greifen Dich von allen Seiten an, Du bist für sie nur die Fliege im Spinnennetz. Eine Beute, die nicht fliehen kann, ausgesaugt wird bis ins Letzte, und dann als Abfall entsorgt wird. Sie sagen, Du sollst Ihnen vertrauen, Sie wählen, Ihnen die Kontrolle und Macht über Dich abgeben. Dabei bist Du ihnen ausgeliefert. Keine Fluchtmöglichkeit. Du bist ein Gefangener ohne Aussicht auf Freiheit oder Verbesserung Deiner Lage. Sie kontrollieren Dich wirtschaftlich, sozial und beruflich. Wie ein Krebsgeschwür fressen sie sich in jeden Bereich Deines Lebens. Oder besser gesagt, Deiner Existenz. Denn als lebenswertes Leben kann man diesen jämmerlichen Zustand ja schlecht bezeichnen. Sie reglementieren Deine gesamte Existenz ungebeten durch Gesetze, Verordnungen, Richtlinien oder auch nur willkürlich. Sie brauchen sich ja nicht zu rechtfertigen. Sie sind die Obrigkeit. Was sie tun, tun sie »im Namen des Volkes«. Dabei weiß jedes Kind, dass unsere Gesetze nur dem Kapitalfluss folgen und unsere »Rechtsprechung« praktiziertes Himmel schreiendes Unrecht ist, und alle Bürger – bis auf die selbst ernannte Elite – schauen können, wo sie bleiben. In der Gosse. Im sozialen Abseits. Ausgebeutet, ausgeblutet, ständig belogen, betrogen und übervorteilt. Ohne Fürsprecher. Auch der Himmel billigt durch sein Schweigen das Unrecht und die Gewalt. »Staatsgewalt« wird wörtlich genommen. Gegen den Bürger wird täglich Gewalt ausgeübt. Von denen, die keiner gewählt hat. 1% der Bevölkerung »verdient« 90% des im Umlauf befindlichen Kapitals! Verflucht sollen sie sein bis in alle Ewigkeit!

Wie ich mich fühle? Wie fühlt sich ein »lebender Toter«? Mich hat keiner gefragt, ob ich in diesem Irrenhaus, genannt Planet Erde, leben will. Ich glaube, ich bin zur falschen Zeit auf dem falschen Planeten gelandet. Das, was ich hier täglich vorfinde, habe ich jedenfalls nicht bestellt und nie gewollt.

Meine Augen müssen sich täglich Dinge ansehen, die ich überhaupt nicht sehen will. Meine Ohren müssen sich jede Menge Stimmen, Dialoge und Streitereien anhören, die ich gar nicht hören will. Auf meinem inneren Bildschirm tauchen Gedanken auf, die ich gar nicht denken will, und die ich mir trotzdem als Zuschauer gezwungenermaßen ansehen muss, genauso wie die inneren Bilder und Szenen als permanent ablaufendes inneres Kino, wo es kein Recht auf freie Programmwahl gibt, und ich zum Zuschauen rund um die Uhr verurteilt bin. Ich werde von (Un)Menschen regiert, die ich nie gewählt habe. Ich muss mit Menschen zusammen einen Lebensraum teilen, die ich mir als Artgenossen niemals freiwillig ausgesucht hätte. Ich lebe auf einem Planeten, den ich mir als Heimat nicht einmal im größten Suff aus freien Stücken ausgesucht hätte. Ich wurde in ein Bundesland hinein geboren, welches von bierseligen Amigos benutzt und ausgebeutet wird. Habgierige Konzerne wollen mir diktieren, was ich essen und trinken, was ich ankleiden und schön finden soll, was ich tun und was ich lassen soll. Vegane Terroristen wollen mir vorschreiben, was ich ruhigen Gewissens essen soll und wovon ich die Finger lassen soll. Die haben wohl die aktuellen wissenschaftlichen Erkenntnisse zum Leben der Pflanzen fleißig ignoriert. Die Pflanzen finden die Veganer genau so integer und anziehend, wie die Sau den Schlachter, der sie zu diesem Zweck gemästet hat.

Da wollen mir Leute unterschiedlicher Couleur etwas über Gott erzählen, und haben selber keine Ahnung, worüber sie eigentlich reden. Religion als spiritueller Terrorismus, der sich organisiert in meinem Leben breit macht bzw. breit zu machen versucht. Da drängen mir selbst ernannte Experten Lösungen für von ihnen selbst erfundene Probleme auf, die bei ihnen selbst nichts genützt haben. Da wollen mich Experten für das chronische krank machen und halten weiter Teile der älteren Bevölkerung lehren, wie ich gesund bleiben oder wieder werden kann, und sie versagen bei ihrer eigenen Gesunderhaltung und Heilung von chronischen Leiden, und sind erschreckend oft nur ein wissenschaftlicher Bordellbetrieb für die Gewinn orientierten Industrieunternehmen.

Ungefragt präsentiert mir der investigative Journalismus alles Leid dieser Welt und verfrachtet ohne meine Zustimmung das Elend dieses Planeten in mein Wohnzimmer. Ich muss mir ungefragt ansehen, wo in dieser Freiluft Psychiatrie wieder welche Irren abscheuliche

Gräueltaten im Namen irgendeiner Religion oder Weltanschauung begangen haben. Mit Waffen, die wir dorthin verkauft haben, um gierigen Aktionären Dividenden in den Rachen zu schieben, an denen sie am Besten ersticken sollen. Und dann wundern wir uns, wenn sich Völkerscharen auf den Weg zu uns machen, um sich vor Bombenhagel in Sicherheit zu bringen, den wir als Werkzeug der Demokratisierung der Welt entfesselt haben.

Aber solche Gedanken sind ja Sünde, sagen sie, die selbst ernannten Stellvertreter Gottes auf Erden und »Anspruchsberechtigten« der allein selig machenden Wahrheit. Aber auch sie wollen Dich nur beherrschen und kontrollieren. Sie wollen über Dich und Dein Leben uneingeschränkt Macht ausüben, ohne sich für ihre Regeln und Handlungen rechtfertigen zu müssen. Zur Verbesserung Deiner Lebenssituation tragen sie nichts (0!!) bei. Sie machen Dir in Deiner eh unerträglichen Lage nur noch zusätzlich ein schlechtes Gewissen. Auf dieses scheinheilige Gesindel können wir getrost verzichten! Anstatt Dir zu helfen, laden sie Dir zusätzliche Bürden auf. Angst ist hier auf diesem Planeten die vorherrschende Grundemotion. Gefolgt von Bitterkeit und Hass. Fast hat man das Gefühl, dass die Entscheidungsträger in diesem Irrenhaus »Planet Erde« sich von unserer Angst und dem durch sie verursachten Stress ernähren.

Du sollst Deinen Nächsten lieben? Wie krank ist das? In der Hölle verfaulen soll das Pack. Politiker, Finanzdienstleister, Juristen, Geistliche: der überwiegende Teil von ihnen ist Teil des Problems und verhindert konsequent jegliche Lösung. Gott? Ja, ich glaube den gibt es.

Aber das Leid des Einzelnen scheint ihm (ihr?) scheißegal zu sein. Wie kann man bitte gleichzeitig allmächtig, allwissend und allgegenwärtig sein, und seine Augen vor all dem Leid und Unrecht in diesem Laden verschließen? Das ist juristisch unterlassene Hilfeleistung! Aber zum Glück bist Du ja als Gott nicht nur Gestalter sondern auch in Personalunion Richter der Welt und des gesamten Universums und kannst Dich damit von jeder Schuld frei sprechen.

Der Mensch gemacht nach Gottes Ebenbild. Das wirft kein gutes Licht auf den Schöpfer von allem, was ist. Und als Gott bist Du ja immer fein raus. Du hast ja für Dich selbst die Wahrheit gepachtet. Und alle aufmüpfigen anders Denkenden landen in der Hölle. Also alle, die sich nicht Deiner Meinung anschließen.

Und dann verbreitest Du als Gott das Märchen vom freien Willen. Dabei ist der freie Wille wissenschaftlich längst widerlegt. Ob Dir das nun gefällt oder nicht: Du bist nur eine Art programmierter »Roboter«, eine Marionette auf zwei Beinen. Und der Einzige, der bei diesem kosmischen Kasperletheater Vergnügen empfindet, ist wohl Gott selbst. Regisseur, Bühne, Schauspieler, Drehbuch, Statist und Zuschauer in einer Person. Gleichzeitig Zuschauer und Handelnder, Licht, Leinwand und Handlung.

Das wirkt auf mich richtig krank!! Mich hat niemand gefragt, ob ich da mitmachen will. Wie kann man in diesem Theater kündigen? Wo kann ich Schadensersatz fordern? Wie kann ich Gott haftbar machen? Wo ist der »game-over« Knopf oder die Escapetaste in diesem unwürdigen Spiel? Wo sind die vorgeschriebenen Flucht- und Rettungswege? Ich habe die Schnauze restlos voll. Mich kotzt dieses Theaterstück an! Ich suche hier verzweifelt den Ausgang und komme nicht raus. Ich mag dieses Spiel, welches mir aufgezwungen wurde, nicht mehr mitspielen, aber die Spielregeln werden woanders gemacht.

Ohnmächtige Wut, Machtlosigkeit und Hilflosigkeit beherrschen meinen inneren Ereignishorizont! Ich muss im Bereich meiner Erfahrungen und Erlebnisse Gedanken denken, die ich nicht denken will und Gefühle erfahren, auf die ich getrost verzichten kann. Und immer das Gefühl, dass sich einer im Hintergrund schlapp lacht, mein Unglück genießt, meine Angst und Wut genüsslich in sich aufsaugt.

Ich hasse diese Hilflosigkeit, dieses Dauergefühl ohnmächtiger Wut, die tägliche Erfahrung, dass Andere über mich verfügen und meine »Knöpfe« nach Belieben drücken können, und scheinbar auch dürfen. Ich bin nur eine Schachfigur auf dem Brett, und muss in meiner Wahrnehmung zusehen, wie ich hin und her geschoben werde. Die Spielregeln sind mir nicht bekannt. Im Zweifel erfolgt die Auslegung immer zu meinen Ungunsten. Und irgendwann höre ich dann: »schachmatt«. Und was kommt dann? Meistens kommt nichts Besseres nach. Ein nimmer enden wollender Alptraum. Manchmal glaube ich, dass Gott den Menschen abgrundtief hasst. Kann mir bitte jemand sagen, was hier falsch läuft?

Die Kinder des Teufels

»Ihr habt den Teufel zum Vater, und nach Eures Vaters Gelüste wollt Ihr tun. Der ist ein Mörder von Anfang an und steht nicht in der Wahrheit.«

Johannesevangelium, Kapitel 8, Vers 44

Meine religiöse Welt war bis vor in etwa 20 Jahren in Ordnung. Aufgewachsen in einem tendenziell fundamentalistisch katholischen Elternhaus, trat ich mit 18 Jahren aus der Kirche aus und wurde Mitglied in einer protestantischen Freikirche. Auch hier gehörte es, wie in jeder Ideologie, zur Grundüberzeugung, im Besitz der allein selig machenden Wahrheit zu sein. Ich engagierte mich in meiner Freikirche und gehörte hier eindeutig zum konservativen Lager. Heute würde man sagen, dass ich ziemlich fundamentalistische Ansichten hatte. Über viele Jahre hinweg las ich täglich in der Bibel und nahm mir Zeit zum Gebet. Bis ich eines Tages zufällig im Rahmen meiner »Bibellese« auf diesen fatalen Text im Johannesevangelium im 8. Kapitel stieß (Gesamtzusammenhang Joh. 8, 31-47). Ich hatte diesen Text in den letzten Jahren bestimmt schon mehrfach gelesen. Und nie fiel mir an diesem Text irgendetwas außergewöhnliches auf. Bis zu diesem Tag. Nach diesem Tag war nichts mehr wie es vorher war. An diesem Tag erlitt ich den spirituellen Schock meines Lebens. Das Fundament meines Weltbildes geriet ins Wanken. Wie vom Donner gerührt las ich wieder und immer wieder Vers 44 dieses Abschnitts. Aber egal wie oft ich den Text las, da standen immer noch die gleichen Worte. Und nichts mehr war wie zuvor!

Innerlich komplett geschockt und betäubt kreiste die Aussage dieses Textes wie eine Dauerschleife in meinem Kopf.

Jesus sagte in dem übermittelten Dialog den Juden seiner Zeit, welche ihm zuhörten, dass der Gott Jahwe, an den sie glaubten, nicht Gott, sondern der Teufel sei.

Beim Lesen dieses Textes erfasste ich im Bruchteil einer Sekunde den Kern der Aussage Jesu: der, den die meisten von uns allen (Christen, Juden, Moslems) für Gott halten, ist nicht Gott, sondern der Teufel. Der Gott, den wir in unseren Synagogen, Kirchen und Moscheen anbeten, ist nicht der echte Gott, der Schöpfer von allem-was-ist, sondern der Teufel. Wir beugen unsere Knie nicht vor Gott, wir werfen uns nicht vor Gott, dem Schöpfer von allem-was-ist nieder, sondern vor dem Teufel, den wir irrtümlich für Gott halten.

Dieser Tag, an dem mir dieser Text im Johannesevangelium auffiel, ist jetzt ungefähr 20 Jahre her. In diesen 20 Jahren habe ich, ebenso wie in der Zeit zuvor, niemals eine Predigt oder Ausarbeitung über diesen Text gehört. Innerhalb der letzten 20 Jahre habe ich beim Studium vieler hundert Bücher nur bei 3 Autoren einen kurzen Texthinweis zu diesem Vers gefunden. Dieser Vers scheint ein Tabuthema zu sein. Dieser Vers aus dem Johannesevangelium kann und darf offensichtlich nicht wahr sein. Dieser Vers enthält die Sprengkraft einer spirituellen Atombombe. Und doch ist Schweigen keine Lösung. Schweigen, Ignorieren und Leugnen lassen diesen Vers nicht aus dem Johannesevangelium verschwinden. Egal ob uns das gefällt oder nicht, Jesus hat nicht weniger gesagt, als dass die meisten von uns Kinder des Teufels seien. Jesus hat nicht weniger gesagt, als dass möglicherweise auch ich ein Kind des Teufels bin, obwohl ich mich immer für ein Kind des Allerhöchsten gehalten habe. Mit dieser Aussage hat Jesus die Grundlage meines Lebens zerstört, alle Illusionen meines religiösen Lebens lösten sich in kürzester Zeit in Nichts auf. Ob es mir gefiel oder nicht, ich musste der Wahrheit ins Gesicht schauen: ich hatte mich möglicherweise in Bezug auf den, den ich für Gott gehalten habe, geirrt. Und so begann die Suche nach der Wahrheit von Neuem.

Jesus machte sehr deutlich, dass er zwischen Gott, dem wahren Schöpfer von allem-was-ist, den er »Awwun«- frei übersetzt Vater- nannte, und Gott »Jahwe«, welcher nicht der Schöpfer aller Dinge, sondern der Teufel war, der sich gegenüber den Menschen nur als Gott ausgab, unterschied. Awwun, der Vater im Himmel, war der, den Jesus in der Bergpredigt und im »Vater unser« beschrieb. Der Vater und Schöpfer von allem-was-ist, der von dem Jesus sagte, man könne das Gesetz und die Propheten in dem einen Gebot zusammen fassen: » Du sollst Gott lieben von ganzem Herzen, von ganzer Seele und mit all Deiner Kraft, und Du sollst Deinen Nächsten lieben wie Dich selbst«. Jahwe dagegen, der Teufel, sei der, der von Anfang an log und für die Menschheit Übles wollte. Ein Lügner von Anfang an und ein Mörder, so der Text im Johannesevangelium. Jesus bezog sich auf diesen Jahwe, der aus persönlichem Verdruss tausende Menschen wegen Nichtigkeiten tötete, die Menschen mit Drohungen einschüchterte und ein wankelmütiger und unberechenbarer Partner für die Menschen war. Mal warf er die Menschen aus dem Paradies, nachdem sie seine völlig überzogenen Erwartungen nicht erfüllten, mal vernichtete er fast alle aus Frust heraus mit einer Welt umspannenden Katastrophe (im alten Testament der Bericht von der Sintflut), mal vernichtete er ganze Städte, weil sie seinen Vorstellungen von Sexualität nicht entsprachen, mal tötete er zigtausende Menschen wegen einer Volkszählung, die ihm nicht passte. Dann wieder ordnete dieser Jahwe den Völkermord an den Bewohnern Kanaans an, die es wagten, ihn nicht zu verehren, wobei hier Menschen und Vieh, Alte und Junge, Kinder und Frauen, Greise und Schwangere niedergemetzelt werden sollten. Wegen Murrens und Meckerns gab es damals nicht, wie im Fußball, die gelbe Karte, sondern 40 Jahre Strafzeit in der Wüste. Jahwe zeigte erschreckend konstant massiv ausgeprägte höchst krankhafte antisoziale und erheblich psychopathische Wesensmerkmale, beispielsweise als er Abraham den Mord an seinem Sohn Isaak befahl, nachdem er (Abraham) zuvor seinen Sohn Ismael samt seiner Mutter, die ihm nicht mehr gut genug schien, in die Wüste in den vermeintlich sicheren Tod durch Verhungern und Verdursten schickte. Diesem »Gott« Jahwe folgten die Menschen zur Zeit des alten Bundes, also zur Zeit des alten Testaments, wohl weniger aus Liebe und Überzeugung, sondern vielmehr aus Angst, Ohnmacht und Hilflosigkeit.

Als Jesus den im Johannesevangelium (Kapitel 8, Vers 31 bis 47) berichteten Dialog mit den Juden führte, spiegelte er ihnen im Diskurs wider, dass sie die Werke ihres Vaters verrichteten und welches diese Werke wären. Er erörterte klipp und klar, dass sie (die Juden der Zeitenwende) die Werke ihres Vaters (des Teufels) verrichteten (Joh. 8, Vers 44).

Hier taucht nun die Frage auf: welches sind denn nun bis auf den heutigen Tag diese Werke, welche die Kinder des Teufels wirken? Mit den Hinweisen, die Jesus gab, können wir sehr zuverlässig feststellen, wer von den sogenannten Gläubigen aller Religionen nicht Gott den Schöpfer von allem-was-ist anbetet, sondern den Teufel durch seine Werke verehrt. Wobei es uns auch in der heutigen Zeit, ebenso wie damals in der Zeitenwende, um die Erkenntnis der Wahrheit geht, und niemals darum, andere Menschen in eine Schublade zu stecken und zu verurteilen

Und heute wie damals gilt ein ganz wichtiger Ratschlag: **hüte Dich vor den Kindern des Teufels!**

Diktatur oder Demokratie: Dein Leben unter der Herrschaft der Kinder des Teufels

Ob Du in einer Demokratie oder in einer Diktatur lebst ist eigentlich egal. Hinter den Kulissen bestimmen die Kinder des Teufels wo es lang geht. Im Zentrum des staatlich geduldeten Terrors und des alltäglichen Unrechts steht immer der normale Bürger. Der Diktator wurde nicht von einer Mehrheit des Volkes gewählt und gibt dennoch die Marschroute vor. Aber auch die Staatsoberhäupter sogenannter demokratischer Staaten wurden nicht von einer Mehrheit gewählt und regieren rücksichtslos am Volk und dessen Bedürfnissen vorbei.

Sowohl in einer Diktatur als auch in einer Demokratie bestimmen Menschen den Kurs, die jeden Bezug zur Realität und zum Alltag der von ihnen verwalteten Bürger verloren haben. Diktatoren bedienen sich gewisser Spitzel und Milizen, um ihre Macht durchzusetzen. Demokratien bedienen sich blind der Obrigkeit ergebener Günstlinge und Bücklinge des Systems, um ihre Herrschaft durch Behördenstrukturen auszuüben.

In Syrien und anderen Ländern kann es Dir als selbst denkendem mündigen Bürger jeden Tag passieren, dass Du von Milizen abgeholt wirst und auf nimmer Wiedersehen verschwindest. In Demokratien kann es Dir als aufmüpfigem Bürger passieren, dass Du plötzlich im Visier der Behörden stehst, die Dich ohne nachvollziehbare oder irgendwie plausible Rechtsgrundlage terrorisieren oder Dich in der geschlossenen Psychiatrie unterbringen.

Der Diktator beschlagnahmt Dein Vermögen unter irgendeinem Vorwand ähnlich wie bei Schutzgelderpressungen. In Demokratien haben wir dazu komplizierte Steuergesetze und das Finanzamt; das Ergebnis ist für Dich als Bürger das gleiche, denn beide Systeme kennen das Wort Gnade nicht. In beiden Systemen ist der herrschenden Elite (Politik, Religion, Justiz, Finanzwesen) Dein persönliches Wohlergehen und Deine Gesundheit total egal. Der Diktator spiegelt Dir Dein Bedürfnis nach Gesundheit und Wohlergehen wider in Form von »organisiertem Motivationstraining«. Also zum Beispiel Trainingslager oder Einzelcoaching mittels Prügel, Vergewaltigungen oder auch gerne mal Waterboarding. In der Demokratie ist es für die teuflische Elite enorm wichtig Dich bei Laune zu halten und dass Du gesund bist. Natürlich nur in Deiner Eigenschaft als Glied einer unendlichen Wertschöpfungskette. In der modernen Sprache nennt man das »human ressources research«. Oder einfacher: wie presse ich den Bürger aus wie eine Zitrone. Ganz subtil ist die gerne angewandte Strategie: zieh den Bürger so geschickt über den Tisch, dass er die dabei entstehende Reibungswärme als liebevolle Zuwendung und Nestwärme empfindet. Der Bürger ist solange am Leben zu erhalten, auch mit den sinnlosesten Pflege -und Therapiemaßnahmen, bis auch der letzte mobilisierbare Cent heraus gepresst wurde. Danach ist kostengünstiges Abkratzen angesagt, zum Beispiel dann mit 70 (oder gerne auch mehr) nahtlos vom Arbeitsplatz statt in die Rente ab in die Grube. Also quasi sozial verträgliches Frühableben.

In einer Diktatur kannst Du Deine Meinung frei äußern, ebenso wie in einer Demokratie. Allerdings sollte Deine Meinung mit der Meinung der Obrigkeit übereinstimmen, ansonsten kannst Du dieses Recht nur ein einziges Mal ausüben. Und in der Politik kommst Du nur voran als Kriecher mit bedingungslosem Gehorsam gegenüber Deinen Vorgesetzten, sonst wird es nichts mehr mit Deinem Namen auf einer Wahlliste. Oder Du bist von Natur aus Psychopath oder ausgerüstet mit einer antisozialen Persönlichkeitsstörung. Dann bist Du der geeignete Kandidat für eine Top Führungsposition.

Sowohl in der Diktatur wie auch in der Demokratie gilt die Gleichheit aller Menschen. Ob Mann oder Frau, ob dunkle oder helle Hautfarbe, ob Ost oder West, Nord oder Süd: das Opfer steht im Voraus fest: Du! Jeder ist in beiden Staatsformen gleich viel wert, nämlich nichts. Du hast in Übereinstimmung mit den Regeln zu funktionieren, Deine Rolle ist fest definiert. Deine Meinungsäußerung oder Stimmabgabe hat auf das Ergebnis keine Auswirkung. Aber die Illusion einer Wahl beruhigt die Gemüter und hält das Volk still. In beiden Systemen wird Dir von den Medien vorgegeben, wie Du auszusehen hast, was Du konsumieren sollst, was als Bildung gilt, was anerkannt und was verachtet ist. Und diejenigen, die gewählt werden, haben nichts zu sagen, und diejenigen die das Sagen haben, sind nicht gewählt. In beiden Systemen regiert ein Schattenkabinett ohne Kompetenz und ohne Befugnisse. Die Entscheidungen trifft das Kapital. Folge dem Geldfluss, dann erkennst Du die Wahrheit. Das Kapital entscheidet, was Du anziehst, was Du isst und trinkst, woher Du Deine Energie beziehst und mit welchen tollen Medikamenten Du behandelt wirst. Und leider gilt auch für Justiz und Wissenschaft: Justizia repräsentiert nicht die Gerechtigkeit, sondern ist erschreckend oft eine dem Kapital ergebene Hure, und auch die Wissenschaft liefert gegen finanzielle Zuwendungen und Ruhm jedes gewünschte Ergebnis und öffnet die Beine ganz weit für das Kapital. Das Kapital entscheidet, wo militärisch demokratisiert wird und wer überflüssig ist und über die Klinge springt.

Und in beiden Staatsformen (zur Erinnerung: Demokratie und Diktatur) gibt sich die Mehrheit der Illusion der Freiheit hin. Auch die eindeutigste Illusion hält sich sehr hartnäckig. Die Vorspiegelung einer illusionären Idylle ist das Erfolgskonzept vieler Parteien, religiöser Strömungen und Finanzdienstleister. Und der in der Illusion gefangene Bürger merkt nicht einmal seine Unfreiheit, da es ja genügend Lust bereitende Ablenkungen gibt. Die alte Devise »Brot und Spiele« für das Volk hat doch schon immer funktioniert und ist ein bewährtes Erfolgsmodell.

Sowohl in der Diktatur als auch in der Demokratie wird das Hirn der Bürger systematisch benebelt. Bewährt hat sich in beiden Staatsformen, im Bürger, zum Beispiel über die Medien, einen dauerhaften Zustand der Angst aufrecht zu erhalten und den Bürger in diesem Zustand quasi zu fixieren. Zuerst wird hierbei über Berichte aus aller Welt, die mit Deinem Alltagsleben rein gar nichts zu tun haben, permanent die Angst geschürt. Angst vor Terroranschlägen, Angst vor finanziellem Verlust, Angst vor Krankheit, Angst vor Einsamkeit, Angst vor Ausgrenzung etc. Wenn sich die Angst dann als Dauerzustand ganz tief in Deine Seele gefressen hat, kannst Du ganz mühelos beliebig manipuliert werden. In jede gewünschte Richtung. Und immer gepaart mit dem diabolischen Versprechen: gib mir Deine Freiheit und ich beschütze Dich, gib mir Deinen Körper und ich halte Dich gesund, gib mir Dein Geld und ich versorge Dich. Und in diesem Zustand der Angst ist Dein Großhirn abgeschaltet und somit Dein bewusstes Denken zugunsten der archaischen Reflexe Deines Reptilhirns nicht verfügbar. Und schon stimmst Du einem Freihandelsabkommen zu, welches Deine Volkswirtschaft ruiniert. Du lässt Dich rund um die Uhr überwachen auf Schritt und Tritt, und gibst Dich der Illusion der Sicherheit hin. Dabei wäre es für Deine Sicherheit sinnvoller, ein Tempolimit auf Autobahnen einzurichten. In Deutschland sterben jedes Jahr auf unseren Autobahnen 3.600 Menschen. Und jetzt provoziere ich Dich mit einer Frage: wieviele Menschen fallen bei uns einem Terroranschlag zu Opfer? Aber für die Herrschenden im Lande ist es viel nützlicher im menschlichen Hirn die Angst vor Terror zu implementieren. Immer in Verbindung mit der Lügenbotschaft: ich schütze Dich vor dem, wovor Du Dich fürchtest. Fürchten solltest Du nur das ganze Heer von Lügnern aus Politik, Wirtschaft, Justiz und Religion (erinnerst Du Dich noch an unser Thema von vorhin: die Kinder des Teufels verrichten die Werke ihres Vaters?). Dieses diabolische Quartett setzt alles daran, all das umzusetzen, was Dir wirklich nachhaltig schadet und Dich in Deiner Existenz wirklich bedroht! Diese Lügenbarone und Teufel in Menschengestalt helfen Dir ganz und gar nicht. Was immer sie tun, sie tun es nur für sich alleine!

Du bist für sie nur ein nützliches Mittel zum Zweck, ein nützlicher Idiot.

Der erste Schritt in Richtung Freiheit ist es, die Lüge als Lüge zu identifizieren und zu benennen. Den Irrtum als Irrtum zu entlarven ist der erste und wichtigst Schritt in Richtung Freiheit. Erst wenn der Irrtum aus Deinem Bewusstsein verschwindet, kannst Du Neues entdecken und umsetzen. Jetzt erst bist Du in der Lage die wirklichen Bedürfnisse und Wünsche Deines Herzens wahrzunehmen, und musst nicht mehr unter Aufwand von viel Geld und Zeit und Nerven fremde Wünsche und Bedürfnisse erfüllen, die sich aber gemeiner weise als eigene getarnt hatten. Und es gibt für Dich erst jetzt die Gelegenheit, selbst zu denken und zu entscheiden, wohin Du eigentlich gehen möchtest. Das Joch auf Deinem Rücken ist zerbrochen, die Handschellen und Fußfesseln sind aufgesperrt, und Du kannst Dich in eine neue Richtung entwickeln. Erste Schritte zur Verwirklichung Deiner Freiheit werden auch immer ganz früh als allgemeine Erleichterung der Last des Lebens wahrgenommen. Das zunehmende Gefühl von Freiheit und Leichtigkeit lässt Dein Leben flüssiger ablaufen mit weniger Reibungspunkten. Das kann sich natürlich auch positiv auf Deinen Gesundheitszustand und auf den Verlauf von Krankheiten auswirken.

Hinter den Kulissen bestimmen die Kinder des Teufels, wo es lang geht. Auch im Gesundheitssystem geht es niemals um Dich und Dein Wohlbefinden., denn für die Kinder des Teufels bist Du nur ein Mittel zum Zweck, eine ökonomische Ressource. Dein Weg durch ein arbeitsreiches Leben hin bis zum Ruhestand liegt fest in den Händen der Kinder des Teufels. Am Besten kratzt Du mit dem Eintritt in den Ruhestand ab. Und um Dein spirituelles Wohl kümmert sich die Kirche, egal welcher Religion Du angehörst. Die Kinder des Teufels lassen Dich nicht selbst entscheiden und Dich Deinem eigenen Gewissen folgen. Sie sind Dein institutionalisiertes Gewissen und sagen Dir, was richtig oder falsch ist. Sie entscheiden für Dich, ob Du in den Himmel oder in die Hölle kommst. Sie geben Dir ihr eigenes krankhaftes Gottesbild vor und dulden keine Abweichung von ihrer Meinung. Sie geben vor, den Willen Gottes zu tun und haben doch keinen blassen Schimmer, wer und was Gott wirklich ist. Sie sind die Krankheit, deren Heilung sie mit allen Mitteln verhindern. Sie sind im Prinzip nur wandelnde Tote, die sich in illusionärer Realitätsverkennung für lebendig halten. Und setzen alles daran, andere davon abzuhalten, sich lebendig und glücklich zu fühlen. Sie kennen nur Zwang und Gewalt, und wollen verhindern, dass Du inneren Frieden, Fülle und Freude erlebst.

Gibt es denn gar keine Möglichkeit, dieser Falle zu entrinnen? Gibt es überhaupt keine Möglichkeit ein freies und glückliches Leben zu führen? Bin ich denn wirklich so machtlos, wie ich das empfinde? Und wenn es einen Ausweg gibt, wie sieht dieser konkret aus?

Der Prozess

Aber trotz dieser oben geschilderten Gefangenschaft und scheinbaren Ohnmacht und Hoffnungslosigkeit gibt es dann immer wieder ganz tief in mir das Gefühl, ein geradezu unumstößliches Wissen, dass Gott doch Licht und Liebe ist und es gut mit mir und allen Anderen meint und die Kinder des Teufels nur so lange über mich herrschen können, so lange es ihnen gelingt mich zu manipulieren und in ihrer Illusion von uneingeschränkter Macht gefangen zu halten. Dieses Gefühl ist wie ein inneres Wissen, eine innere Gewissheit, eine unumstößliche Wahrheit: Gott ist! Und: nur Gott ist! Nichts anderes existiert, nur Gott existiert. Und somit ist auch der Teufel nur ein illusionärer Gegenspieler Gottes, völlig machtlos, ohne reale Befugnisse.

Die eine Quelle, das unendliche Unsichtbare manifestiert sich als alles, was ist. Gott, das Eine, lebt und verwirklicht sich als das Viele. Gott ist die Luft, die ich atme. Gott ist das Wasser, das ich trinke. Gott ist die Nahrung, die ich esse. Gott ist der Weg, auf dem ich gehe.

Nicht ich bin der Handelnde, Gott »handelt mich«. Das eine Leben drückt sich aus als »ich« und alles, was ist. Gott verwirklicht sich als alles was ist. Für Gott gibt es keine Zeit und keinen Raum. Nur in unserer scheinbar von Gott getrennten Existenz gibt es Vergangenheit, Gegenwart und Zukunft. In Gott existiert alles schon immer gleichzeitig. Wie ein ewig währendes Kontinuum, welches alle Erfahrungen und Ereignisse, die jemals stattfanden, stattfinden oder noch stattfinden werden, liebevoll umfasst und in sich einschließt. Ohne einen reellen Gegenspieler mit irgendwelchen Machtbefugnissen. Nur ein einziger seit ewigen Zeiten existierender Plan, der durch Nichts und Niemanden durchkreuzt werden kann.

Der unbewegte Beweger ist alles, was ist, war und je sein wird. Nur unsere Sinnesorgane simulieren uns eine fortlaufende Erfahrung als Dasein in Raum und Zeit. Unser Gehirn ist das Instrument, mit welchem und durch welches wir unser Leben als scheinbar unabhängige und von Gott getrennte Existenz erfahren. Wie beim Anschauen eines Films im Kino. Als Zuschauer gehst Du auf in der Illusion einer fortlaufenden Handlung mit Beginn und Ende. Aber auf der Filmspule existiert bereits jede einzelne Szene. Alles ist bereits fix und fertig. Du kannst die Filmhandlung nicht beeinflussen und nicht abändern. Ob Du willst oder nicht, Du bist als Zuschauer emotionell beteiligt. Du weinst und lachst, je nach präsentierter Szene, Du fieberst mit, Du leidest mit und hoffst auf ein gutes Ende und den Sieg der Gerechtigkeit am Schluss.

»Dein Leben« ist auch nicht wirklicher als irgendein Film. Und jeder Mensch erlebt die Szenen des einen Films aus seiner subjektiven Sicht und Wahrnehmung. Im Kino geht am Ende das Licht an, und Du merkst, egal wie sehr Du mit gefiebert hast, es war nicht wirklich, eben nur ein Film. Wenn man den sogenannten Nahtoderfahrungen (NTE, oder englisch NDE: near-death-experiences) und den gemeinsamen Kerngedanken aller Religionen glauben möchte, geht am scheinbaren Ende unseres »Lebensfilms« zwar zunächst scheinbar das Licht aus, aber in Wirklichkeit erfährt spätestens dann Dein Bewusstsein, was echt und real ist. Deine Erfahrung der sogenannten Wirklichkeit geht auf in der unmittelbaren Erfahrung der einzigen und ewigen Wahrheit. Dann ist da nur noch die bewusste Gewahrsamkeit Deiner immer währenden Einheit mit der einen Gegenwart, dieser allumfassenden Präsenz, die wir in den meisten Kulturen Gott nennen.

Ewiges Bewusstsein braucht keinen Körper. Vergleiche Deinen Körper mit einem Auto. Ein Fahrer kann sich des Autos bedienen, oder aber auch zu Fuß gehen. Das Auto ist ohne Fahrer zu nichts zu gebrauchen. Im Leben bist Du streng genommen nicht einmal der Fahrer, sondern nur ein Mitfahrer auf der Rückbank. Ohne Einfluss, wohin die Reise geht, was alles passiert und wie lange sie dauert. Da sind wir wieder beim Thema Ohnmacht und Hilflosigkeit. Du erfährst Dein Leben, ob Dir die einzelnen Filmsequenzen gefallen oder nicht. Du wirst von Gott gelebt, ob im Luxus oder in den Slums, ob auf der Straße der Sieger, oder auf der Seite der Verlierer.

Du kannst ganz beruhigt alle Selbsthilfebücher weg werfen. Es handelt sich nur um Wunschdenken, um sich nicht der Realität stellen zu müssen: ein Anderer als Du entscheidet, wo es lang geht. Wo Du geboren wirst, in welcher Kultur und Familie Du aufwächst, mit welchen Genen Du ausgestattet wirst, und welche Ereignisse und

Lebenserfahrungen Deinen Weg kreuzen und somit Deine Überzeugungen prägen. Was Du gerne machst, und was Dir nicht gefällt, was sich für Dich angenehm anfühlt oder was sich für Dich unangenehm anfühlt. Du hast die gleiche freie Wahl, den gleichen freien Willen und Handlungsspielraum wie ein Bauer im Schachspiel beim Bewegen der Figuren auf dem Brett.

Null Prozent Kontrolle! Du musst im Strom des Lebens mit schwimmen und weißt nicht, was hinter der nächsten Flussbiegung auf Dich wartet. Ob Stromschnellen zu überwinden sind, ob Du drohst, in einem Strudel abzusaufen, oder ob ein netter Strand zu einer erfrischenden Badepause einlädt. 0% Kontrolle!

Bedeutet das auch 0% Verantwortung? Ich provoziere Dich mit einer Formel: 0% Kontrolle, 100% Verantwortung! Kapiert? Du kannst nichts kontrollieren, bist aber für alles verantwortlich! Und ich behaupte noch dazu, dass hier kein Widerspruch vorliegt. Ich habe nämlich nur von Verantwortung gesprochen, nicht von Schuld. Weder im juristischen noch im moralischen Sinn. Was ist die Lösung der Formel?

Dein Verantwortungsbereich nach Definition des Lebens (Gottes, des Schöpfers, der Quelle allen Seins, dem unendlichen Unsichtbaren), ist jedes Ereignis, jede Erfahrung, die in Deiner Wahrnehmung und in Deinem Bewusstsein auftaucht. Allein die Tatsache, dass sich irgendetwas in Deinem Leben, in Deinem Ereignishorizont als Szene abspielt, bedeutet, dass es irgendetwas mit Dir zu tun hat. Es ereignet sich in »Deiner Welt«, in

»Deiner Wahrnehmung«, in Deinem Bewusstsein (also in Deinem Kinofilm, den Du als Dein Leben bezeichnest). Allein durch das Auftauchen in Deinem Erfahrungshorizont befindet sich dieses Ereignis im Bereich Deiner Verantwortung. Völlig wertfrei (hier musst Du Dich radikal von Deiner bisherigen Vorstellung vom Begriff Verantwortung lösen). Null Kontrolle, volle Verantwortung.

Es ist auch nicht Dein Job, eine Bewertung, eine Kritik oder eine Beurteilung der von Dir wahrgenommenen Ereignisse in gut und böse vorzunehmen. Das hat bereits beim ersten Mal in der Menschheitsgeschichte zu Problemen geführt (Du weißt doch um die uralte Geschichte von Adam und Eva mit dem Baum der Erkenntnis von Gut und Böse). Jedes unserer Urteile teilt das »Eine unendliche Ungeteilte« auf in Vieles, was dann scheinbar von dem Einen getrennt und endlich ist. Der Verlust unseres Bewusstseins der Einheit und des Einssein mit Gott war und ist der Preis für die Erkenntnis von Gut und Böse! Dieser Verlust des Bewusstseins, eins mit Gott zu sein, hat uns in unserer Wahrnehmung, in unserem Denken und konsekutiv in unserem Handeln zu Kindern des Teufels gemacht! Ohne ein Denken in Gegensätzen, ohne Wahrnehmung unseres Lebens in Gegensätzen gäbe es für uns nur die Erfahrung der unmittelbaren Gegenwart Gottes und unserer Einheit mit Gott. Ohne dieses Bewusstsein von Gegensätzen, von gut und böse, gäbe es für uns keine Möglichkeit Leid zu erfahren. Ohne dieses Bewusstsein von Gut und Böse gäbe es für Dich nichts zu bekämpfen, nichts zu vermeiden und auch nicht anzustreben. Nichts an dem zu ändern, was gerade geschieht, nichts zu reparieren und nichts zu verbessern.

Und jetzt soll durch Dich und mich das »Viele«, scheinbar voneinander getrennte, wieder in seinen ursprünglichen Zustand zurückversetzt werden (aus Sicht des Ursprungs, der Quelle, gab es natürlich niemals eine tatsächliche Trennung. Diese Trennung hat sich nur in unserem Bewusstsein und damit auch in unserer Wahrnehmung eingebrannt und ereignet) . Die (scheinbar) abgetrennten Teile sollen durch Dich und mich wieder zu einem Ganzen zusammen gesetzt, zurück verbunden werden (das ist übrigens die eigentliche und wörtliche Bedeutung des Wortes Religion: Rückverbindung!).

Der Weg der Verwirklichung

Und wie soll jetzt ganz konkret diese Rückverbindung der Teile mit dem Ursprung, mit der Quelle, mit dem »Einen«, mit dem »Alles-was-ist« praktisch umgesetzt werden? Wirf alle Selbsthilfebücher, Lebenshilfebücher und psychologischen Ratgeber weg! Verzichte auch auf alle Seminarangebote dieser Sorte, welche Dir die eine tolle Methode vermitteln wollen, welche die ersehnte große Wende in Deinem Leben einläutet. Ich habe dafür auch ein Vermögen und unendlich viel Zeit investiert. Und was hat es mir geholfen? Nichts. Null. Niente. Nada. Und ich wette, Dir geht es ganz ähnlich. Von Ratgeber zu Ratgeber, von Seminar zu Seminar, von Idee zu Idee, von Methode zu Methode. Immer auf der Suche nach dem entscheidenden Hinweis, immer auf der Jagd nach dem richtigen Tipp, immer auf der Suche nach dem einen Trick, der Dir zum ersehnten Durchbruch verhilft. Immer wieder neue Hoffnung, und immer wieder Enttäuschung.

Also, jetzt pass' mal auf: was ich Dir jetzt als Vorgehensweise erzähle, ist keine neue Methode, wie man sein Leben und Gott manipuliert und kontrolliert, um gewünschte Ziele zu erreichen. Was ich Dir jetzt erzähle, bringt Dich in Einklang mit dem was bereits ist. Es bringt Dich in Übereinstimmung und Resonanz mit dem Einen, mit der Quelle, mit Gott, mit dem Leben, dem Ursprung von allem was ist. Was sich dann im Verlauf daraus entwickelt, liegt nicht in Deiner Hand. Ob es zu einer Transformation Deiner Wahrnehmung und

Deines Bewusstseins kommt, und ob sich die äußeren Umstände Deiner Lebenssituation ändern, kannst Du nicht aktiv beeinflussen.

Hast Du das Grundprinzip kapiert?? Dann erzähle ich Dir jetzt eine alternative Perspektive Deines Handlungsrahmens.

Du (!) musst Dich auf das was ist zubewegen (streng genommen löst Gott, der in Dir und als Du lebt, diesen Wunsch, diese Idee, diesen Handlungsimpuls und diese Bewegung in Dir aus. Du selbst kannst dazu nichts aktiv beitragen. Selbst die Sehnsucht nach Veränderung entsteht nicht durch Dich!) in einer inneren Haltung von Annahme, Wertschätzung und Respekt. Umarme das Leben so wie es ist, und hör auf damit, gegen das was bereits existiert, anzukämpfen. Das was ist existiert bereits, ob es Dir gefällt oder nicht. Egal ob es in Dir angenehme oder unangenehme Gefühle auslöst. Egal ob das, was Du wahrnimmst, von Dir erwünscht ist oder nicht. Du kannst nicht verhindern, dass es existiert. Du kannst seine Existenz nicht ungeschehen machen. Gegen das was ist anzukämpfen ist sinnlos. Da steht der Verlierer im Voraus fest: Du! Das Leben, die Quelle, Gott, das unendliche Unsichtbare, das Unaussprechliche ist immer stärker als Du, und ist bei jedem Ereignis, bei allem was geschieht, immer und jedes mal schon längst vor Dir da. Also umarme das Leben, wie es ist mit einer wertschätzenden und respektvollen Annahme. Und mit bedingungsloser Liebe. Und wenn Du gerade voller Wut und hilfloser Ohnmacht bist und innerlich schäumst, dann nimm diese Deine Gefühle an. Sie sind doch schon da. Sie bekämpfen, weg wünschen, weg denken gibt ihnen durch Deine Aufmerksamkeit nur zusätzliche Kraft und Energie. Und hilft ihnen, zu wachsen und zu gedeihen und es sich in Deinem Bewusstsein richtig gemütlich zu machen. Das gilt auch für Deine Schuldgefühle! Im Buddhismus wird dieser ungute Prozess auch als Anhaftung bezeichnet, durch welche erst das empfundene Leid entsteht.

Nimm also Deine Gefühle an, ob sie angenehm oder unangenehm, erwünscht oder unerwünscht sind. Akzeptiere alle Deine Gedanken und Gefühle bedingungslos, so wie sie in diesem Augenblick sind, so wie sie sich in diesem Augenblick präsentieren. Und drücke, innerlich kurz inne haltend, auch Deine Wertschätzung für ihr Sein aus, drücke Deinen Respekt für ihr »so sein« aus. Danke für ihre Existenz, so wie sie sind, und segne ihr Sein. Genau so, wie es sich in Deiner Wahrnehmung in diesem Augenblick erfahren lässt. Also, wenn du gerade richtig wütend bist, kurz vor dem Platzen: hinschauen und bewusst wahrnehmen, liebevoll umarmen mit Achtsamkeit, Präsenz und Aufmerksamkeit. Und Schluss mit jeder Art von Selbstverurteilung! Gott verurteilt Dich auch nicht! Verurteilung ist nur ein Kennzeichen der Kinder des Teufels und ein Versuch, Macht und Einfluss über Dein Leben zu gewinnen. Christus hat die Einheit zwischen Dir und Gott wieder hergestellt, ob Du daran glaubst oder nicht.

»Liebes Leben! Ich liebe Dich bedingungslos, danke, dass Du bist. Ich drücke Dir ganz bewusst meine Wertschätzung aus und respektiere Dich, so wie Du bist.

Ohne Dich verändern zu wollen, ohne Dich zu verurteilen, ohne Dich zu bekämpfen und ohne Dich in Ordnung bringen zu wollen. Und ich weiß, auch wenn es sich nicht so anfühlt, auch wenn ich es mit meinen Sinnesorganen nicht wahrnehmen kann, alles kommt aus der einen Quelle, alles existiert nur in und durch Gott. Alles ist eine Manifestation des einen Lebens, eine Verwirklichung des Unaussprechlichen. Alles ist ein Substanz und Form gewordener Aspekt der einen Quelle. In Allem ist und wirkt die eine Essenz. Bei allem was ist handelt es sich um eine wahrnehmbare, erfahrbare Erscheinung des unendlichen Unsichtbaren in der Welt meines Bewusstseins, also quasi zu Materie geronnener Geist, göttliches Sein verwirklicht als ich, Gottes Gegenwart manifestiert als Form. Nur Gott ist wirklich, nur Licht und Liebe sind wirklich, egal in welcher Erscheinungsform. Die wahre unsichtbare Substanz und innewohnende Essenz aller materiellen Erscheinungsformen ist die göttliche Liebe. Würde der Allmächtige auch nur einen Augenblick nicht lieben und meiner nicht gedenken, würde alles sofort aufhören zu existieren, da nichts aus sich selbst Bestand hat«.

Kein Urteil. Weder positiv, noch negativ. Egal wie dunkel die momentane Erfahrung in meiner Wahrnehmung ist. In Wirklichkeit gibt es nur Gott, in Wirklichkeit existiert nur die einzig wirkliche Substanz: göttliche Liebe. Dass wir alle kollektiv keine perfekte Welt wahrnehmen liegt an unserer ebenfalls kollektiv wahrgenommenen vermeintlichen Trennung von Gott, was uns wiederum als Kinder des Teufels agieren lässt. In unseren Gefühlen und Gedanken erfahren wir uns als maximal fern von Gott. Und in der Folge glauben wir kollektiv an eine Macht jenseits von Gott. Diese im Prinzip illusionäre Macht bezeichnen Jesus und viele spirituelle Lehrer und Mystiker als den »Teufel«. Gott und... Gott und Krankheit, Gott und Mangel, Gott und Tod, Gott und Krieg, Gott und der Teufel etc. Dieser Glaube an Gut und Böse ist wie eine kollektive Hypnose, wie ein Schleier, der sich über unser aller Wahrnehmung und Bewusstsein gelegt hat. Die Bibel nennt das die Gesinnung des Fleisches. Wenn unser Geist getrübt ist durch den Schleier der Welt der Erscheinungen, dann können wir die Präsenz Gottes und seiner ursprünglichen Schöpfung nicht mehr erfahren. Wir verlassen uns dann zwangsweise auf unsere Sinneseindrücke, weil wir geistlich und spirituell blind geworden sind. Wir sind blind und taub geworden für die Wahrnehmung der Gegenwart Gottes. Wir erleben nur noch Schmerz und Leid und glauben auch noch, Gott habe dies verursacht, und nicht unsere Unfähigkeit, seine Gegenwart wahr zu nehmen.

Wenn dann, angestoßen durch den göttlichen Impuls, in mir die Überzeugung erwacht, dass ich eigentlich nie von Gott getrennt war – so wie Jesus es gepredigt hat- und ich eins bin mit Gott, dann reift früher oder später in mir auch die Erkenntnis, dass auch alle meine Mitmenschen eins mit Gott sind. Und es eigentlich auch keine Kinder des Teufels gibt. Und ich erkenne, dass ich durch Christus mit allen Mitmenschen verbunden und eins bin. Und nicht nur mit meinen Mitmenschen (auch denen die ich nicht mag!), sondern mit allem-was-ist! Gott ist Eines, und neben Gott gibt es Nichts! Und wenn ich in dieser Erkenntnis lebe, dann sehe ich in mir auch die Aufgabe reifen, meine Mitmenschen nicht zu verurteilen für das was sie sagen und tun, sondern eins mit Gott in der Erkenntnis zu ruhen, dass das Verhalten meiner Mitmenschen Folge dieser kollektiven Hypnose ist, Folge dieses kollektiven Schlafs und der sich daraus ergebenden Folge unserer fehlenden Wahrnehmungsfähigkeit für die Gegenwart Gottes, Folge dieses überzeugt Seins, ein von Gott getrenntes Leben zu führen. Und wenn wir unsere Mitmenschen durch diese Betrachtungsweise mit den Augen Gottes sehen, dann nehmen wir sie nicht mehr als Kinder des Teufels wahr, sondern wir sehen sie in ihrem Kern, in ihrer Essenz, in ihrem eigentlichen Wesen als unschuldig, heil und vollkommen wahr. Als die geliebten Kinder Gottes. Als orientierungslos umherirrende Schafe und verlorene Söhne und Töchter Gottes, wie Jesus im neuen Testament im Gleichnis vom verlorenen Schaf und im Gleichnis vom verlorenen Sohn erzählte. Und durch diese neue Betrachtungsweise verschieben wir unsere Mitmenschen in den Einflussbereich Gottes, wo Wiederherstellung und Heilung möglich ist. Dann sind wir, wie Jesus sagte, Mitarbeiter des Reiches Gottes, wenn wir unsere Mitmenschen in Kontakt mit der durch uns verwirklichten Gegenwart Gottes bringen.

Diese hier beschriebene Vorgehensweise nenne ich den »dritten Weg«. Unsere universitäre Psychologie kennt nur zwei grundsätzliche Handlungsmotive und Betrachtungsweisen. Erstens: Streben nach Lust (alles, was angenehm ist und sich gut anfühlt), zweitens: Vermeidung von Schmerz (alles, was mir weh tut, unangenehm ist, sich für mich nicht gut anfühlt).

Aber es gibt noch einen dritten Wahrnehmungszustand (der steht aber in keinem schlauen Lehrbuch): Gott, das Eine Unaussprechliche erhebt Dein Bewusstsein (ohne Dein Zutun!!) in den Zustand der Wahrnehmung von allem-was-ist aus Sicht der Quelle selbst!

Und da gibt es kein Urteil, keine Wertung, keine Einteilung in positiv und negativ, gut und böse. Da ist selbst jedes Benennen und Kategorisieren aufgehoben. Da existiert nur der ungeteilte Zustand göttlicher Gnade, die uneingeschränkte Gegenwart Gottes. Hier herrscht nur die Erfahrung göttlicher Gerechtigkeit. Diese geschenkte Gnade und Gerechtigkeit bewirken, dass wir in unserer Wahrnehmung und in unserem Bewusstsein die Wiedervereinigung mit Gott, mit der Quelle unseres Seins, mit dem Zentrum von allem-was-ist erlangen. Wir erfahren ohne unser Zutun die Rückversetzung in unsere Heimat und eigentliche Bestimmung. Das letztendlich einzige in scheinbar unendlich vielen Facetten erfahrene Unrecht, dass wir getrennt von der Quelle existieren, leben und kämpfen müssen, wurde aufgelöst und aufgehoben durch Christus. Diese Art von Gottes Wirken wird im Allgemeinen auf unserer Erde als Gottes Barmherzigkeit, göttliche Gnade, Erlösung und bedingungslose Liebe bezeichnet.

Und diese bedingungslose Liebe ist die stärkste Kraft des Universums. Alle Militärs dieser Welt sind ein Nichts im Angesicht der Liebe, ein Nichts in der verwirklichten Gegenwart Gottes! Neben Gott gibt es keine weitere Macht. Gott ist die einzige Kraft. Gott ist das einzige Gesetz. Gott ist das eine ungeteilte Leben, an dem wir alle teilhaben.

Und wenn der Allmächtige, der auch der Allwirkende ist, Dich in diesen »dritten Zustand« versetzt hat, empfindest Du alle Ereignisse Deines Lebens als Umarmung des Einen, und Du wiederum erwiderst diese Umarmung des Lebens durch Deine liebevolle Annahme dessen- was- ist in dem Wissen, dass Gott die einzige Gegenwart und letzte Wirklichkeit ist. Egal ob es sich für Deine Sinne angenehm und lustvoll oder unangenehm und eher schmerzhaft anfühlt! Im Zentrum jeder Erfahrung findest Du Gott, der Dich einlädt seine Präsenz nicht nur wahr zu nehmen, sondern auch aktiv an seinem Leben und Wirken teil zu haben. Du darfst Deinen Platz im göttlichen Plan und Geschehen einnehmen und an der Verwirklichung des Reiches Gottes auf der Erde mitwirken und mit arbeiten.

Es fühlt sich für Dich stimmig und richtig an, obwohl Du es mit Deinem Verstand nicht erklären und begründen kannst.

Und in Deinem Herzen, in Deinem Geist (nicht mit Deinem Verstand) weißt Du zu hundert Prozent, dass alles-was-ist, so ist wie es sein soll. Und durch die gleichzeitige Wahrnehmung der in Deiner Erfahrung ungehindert fließenden göttlichen Gnade und Gegenwart, sowie die bloße Existenz dessen- was- ist, schließt Du Dich der göttlichen Sichtweise an, und kannst dann in der Gewissheit leben: alles ist in diesem einen Augenblick richtig so wie es ist. Gott ist auf dem Plan. Nichts ist außer Kontrolle. Du lebst im Bewusstsein des Einssein mit Gott und siehst alle Erscheinungen Deiner Welt nun aus diesem neuen, von Gott gewirkten und geschenkten Bewusstsein heraus (vereinzelte »Rückfälle« natürlich nicht ausgeschlossen).

Objektive Beweise? Fehlanzeige. Nur inneres Wissen. Völlige innere Gewissheit. Ich weiß, dass ich weiß! Du kannst ewig darüber diskutieren und philosophieren. Du kannst von allen möglichen selbst ernannten Experten deren Meinung einholen. Du kannst alle Lehrbücher, die Du in die Finger kriegst, zu Rate ziehen. Und doch bist Du zuletzt einsam und allein in Deiner Entscheidung, was Du glauben und tun sollst. Niemand entscheidet für Dich, wie Du Dich verhalten sollst in der konkreten Situation. In der konkreten Erfahrung bist Du mit Dir alleine. Das kann sich ganz schön einsam und alleine anfühlen. Aber das Beruhigende ist ja, dass Du nichts verkehrt machen kannst. Da es keinen freien Willen gibt, und die »DVD« mit dem Titel »mein Leben« schon komplett fertig ist, und die einzelnen Szenen sich nur in Deinem subjektiven Erleben scheinbar kontinuierlich und linear in Zeit und Raum entwickeln, kann auch nicht wirklich irgendetwas aus dem Ruder laufen und schief gehen. Programmiertes happy end, zumindest aus Sicht der Quelle, aus Sicht des unsichtbaren Unendlichen. Und wenn Du nicht wegsiehst, sondern hinschaust, und wenn Du nicht ablehnst, sondern annimmst, und wenn Du nicht kritisierst, verurteilst, kämpfst und abwehrst, sondern wert schätzst und bedingungslos liebst, wenn Du nicht fluchst, sondern segnest, wenn Du Gott dankbar bist für Deine konkrete Erfahrung, dann wirst Du etwas ganz Erstaunliches feststellen: **Du erlebst eine Transformation!**

Die Transformation

Bei dieser Transformation ändert sich nicht unbedingt Deine Situation. Es kommt nicht unbedingt zu einer Veränderung der Ereignisse Deines Lebens. Es werden nicht unbedingt die Umstände Deines Lebens transformiert. Möglicherweise kommt es nicht zu der von Dir erhofften Lösung des konkreten Problems. Aber es ändert sich Deine Wahrnehmung des Erlebten. Es ändert sich Deine innere Erfahrung in ungeahnter Weise. Der Zustand Deines Bewusstseins verändert sich. Du erfährst eine Empfindung innerer Stimmigkeit. Du weißt in Deinem Inneren, es geschieht genau das, was geschehen soll und was geschehen will. Das Leben spielt sich genau so ab, wie es geschehen will und wie es in diesem konkreten einen Moment aus der Sicht des Schöpfers sein soll. Du befindest Dich in Harmonie, Übereinstimmung und Resonanz mit dem Unendlichen. Dein Herz schwingt im Gleichklang mit dem Herzen des All-Einen, der alles ist was ist. Du hast Dich in Übereinstimmung mit der Sichtweise Gottes gebracht. Deine tausend offenen Fragen sind in diesem Augenblick völlig bedeutungslos. Trotz der offenen Fragen spürst Du keine innere Unruhe. Du weißt, Gott ist auf dem Plan. Die Quelle selbst ist gegenwärtig. Das Leben läuft im ganzen Universum nach Plan, auch wenn wir diesen Plan nicht kennen.

Und beruhigend zu wissen: keiner kann diesen Plan durchkreuzen. Kein Politiker, kein Jurist, kein Finanzdienstleister, kein Akteur gleich welcher Couleur. Gott lebt und verwirklicht seine Gegenwart als Du und ich.

Und dabei dürfen wir in unserem scheinbar von Gott getrennten Ich gleichzeitig Angst und Vertrauen empfinden, gleichzeitig dürfen wir Hassgefühle und bedingungslose Liebe wahrnehmen, und gleichzeitig dürfen wir Mangeldenken und ein Bewusstsein von Fülle erfahren. Und dies alles ist kein Widerspruch. Ich strebe dabei aktiv weder Ersehntes an, noch versuche ich Unerwünschtes zu vermeiden und zu bekämpfen. Scheinbar Widersprüchliches darf ohne Einschränkung gleichzeitig existieren. Die Wahrnehmung meiner menschlichen Sinne vermittelt mir die Welt aus der vertrauten und gewohnten Sicht meines bisherigen Alltagsbewusstseins. Die simultane, also zeitgleiche Wahrnehmung des göttlichen Bewusstseins vermittelt mir über meine spirituellen Sinne die Sicht auf die Geschehnisse des Alltags mit den Augen der Quelle.

Welch eine Erleuchtung und Befreiung für mich. Schluss mit dem ständigen Kampf und dem unsinnigen und vergeblichen Versuch, scheinbar Widersprüchliches aus eigener Kraft bewirken zu müssen. Kein Kampf mehr gegen meinen Schatten, gegen meine vermeintlich dunklen Seiten, sondern Annahme und Integration. Ergebnis offen! Und alles nur, weil Gott mich in die Lage versetzt hat, meine Aufmerksamkeit auf meine Identität als nicht getrennt von der Quelle zu fokussieren und ohne jeden Stress im Bewusstsein des Eins- Seins zu verbleiben.

Die Grundidee meines Lebens und das Urbild meines Seins und der ganzen Schöpfung, das Drehbuch von allem, was sich je ereignet hat und jemals ereignen wird, existiert komplett seit Urzeiten im göttlichen Herz, im Geist Gottes. Das Ergebnis aller denkbaren Lebenserfahrungen existiert in Gott schon immer. Zu jedem Problem aus unserer begrenzten menschlichen Sicht gibt es seit Urzeiten bereits die fertige und perfekte, vollkommene Lösung. Wozu also meine Energie verschleudern? Ruhen im Herrn, also das bewusste Verweilen in der verwirklichten Gegenwart Gottes ist ungleich mehr entspannend und führt zu den bestmöglichen Ergebnissen für alle Beteiligten.

Ruhen in der Quelle

Zur gleichen Zeit erfahren wir den vermeintlich freien Willen und ebenso die fest stehende Vorherbestimmung. Und das alles ist kein Widerspruch. Auf der illusorischen menschlichen Ebene der Wahrnehmung habe ich keinen freien Willen. Aber da ich nicht getrennt, sondern eins mit Gott, mit der Quelle bin, will ich auch, was Gott als die Quelle von allem was ist und als Regisseur des Lebensspiels will. Und mein wirkliches Leben ist, wie in der Bibel, der heiligen Schrift des Christentums dargelegt, verborgen mit Christus in Gott, also für mich unsichtbar und nicht mit meinen klassischen Sinnen erfahrbar. Wie die heilige Schrift sagt, bin ich mit Christus ins himmlische Sein versetzt. Diese Existenzebene ist real. Während ich mich mit meinen Sinnen in der kollektiv erfahrenen Wirklichkeit bewege, lebe ich mein reales Leben in der Wahrheit Gottes.

So ist also mein reelles Leben (unsichtbar für meine Sinnesorgane) verbunden mit freiem Willen. Und da es in Wirklichkeit dank Christus keine Trennung mehr zwischen Gott und mir gibt, weiß ich auch, dass es bei auftretenden Problemen sinnlos ist, eine Lösung im Außen zu suchen, da ich doch weiß, dass die allgegenwärtige Quelle des Lebens, die einzige Kraft und Macht im gesamten Universum, in mir und als ich lebt. Jesus drückte es so aus: »das Reich Gottes ist inwendig in Euch«. Und wo es ein Reich gibt, gibt es auch einen Herrscher als erfahrbare reale Präsenz. Und in diesem Reich ist der Herrscher die einzige Gegenwart, das einzige Gesetz, die einzige Macht und die einzige Kraft. Gott macht eine menschliche Erfahrung als ich und Du, wenn ich ihn nicht daran hindere. Wenn ich bereit bin, meinen Platz zu räumen, mein Ego auf Null zurück zu nehmen, dann kann Gott diesen Platz einnehmen und zu 100% ausfüllen. Frei nach der Formel: 0% Ich, 100% Gott.

Auch diese Erfahrung kennen Gläubige seit langer Zeit, ausgedrückt in dem Bibelzitat: »nun nicht mehr ich, sondern Christus lebt in mir«. Alles, was ich jemals brauche und will, kann durch diese Quelle in mir aus meinem Inneren frei gesetzt werden und als Veränderung im Außen erscheinen. In Übereinstimmung mit dem großen Plan. Wie heißt es so schön: Dein Wille geschehe.

Also: Du kannst Dich ganz entspannt zurück lehnen und empathisch aber entspannt teilnehmend den Kinofilm Deines Lebens beobachten.

Verharren in der göttlichen Gegenwart

Wenn mir negative Gefühle bewusst werden bei Szenen meines »Lebensfilms«, welche ich als unangenehm empfinde, ziehe ich meine Aufmerksamkeit von der Außenwelt ab und wende mich nach innen, in der Regel angestoßen durch einen göttlichen Impuls, der aus meinem Inneren aufsteigt. Dort wartet auf mich das unbewegte Zentrum von Allem, die allgegenwärtige und allmächtige Stille, die Lücke zwischen allen Gedanken und Worten. Hier tritt diese Leere, dieser Raum zu Tage, wo es nur noch Gewahrsamkeit, Bewusstheit und Gottes Präsenz gibt. Eine Leere, die ausschließlich mit Gottes Gegenwart gefüllt ist. Dann herrscht nur noch die bewusste Gewahrsamkeit der Gegenwart des Einen. Und hier im Zustand entspannter und bewusster Gewahrsamkeit der göttlichen Gegenwart ist die oben beschriebene Transformation möglich. Im Zustand der Annahme und Wertschätzung, in Umarmung und Respekt von allem was ist, im Zustand bedingungsloser Liebe. Hier kann dann eine Veränderung unserer Wahrnehmung und unseres Bewusstseins stattfinden. Gott, Christus, die Quelle allen Lebens, das Unaussprechliche, öffnet unser Bewusstsein für die Empfindung seiner Gegenwart, und macht uns empfänglich für die Aufnahme der Wahrheit und Vollkommenheit dieses Augenblicks. Ich ruhe also ganz entspannt in den bereits vollendeten Werken Christi. Diesen vollendeten Werken muss ich nichts hinzu fügen. Wie hat Christus sein Werk für die Menschen zusammen gefasst: »es ist vollbracht«. Alles ist schon da. Alles ist schon vollendet. Ich muss nichts reparieren, ich muss nichts verbessern, ich muss nichts bekämpfen.

Und während wir entspannt in Gott ruhen, lässt uns Gott gegebenenfalls teilhaben an seiner Sicht der Dinge, der Allpräsenz von bedingungsloser Liebe, und schickt uns möglicherweise einen inneren Impuls als Aufforderung, in eine bestimmte Richtung handelnd tätig zu werden. Und wenn die Quelle in der konkreten Erfahrung, in der konkreten Szene meines »Lebensfilms« ihre Sicht in diesem Augenblick nicht mit mir teilt, und ich keinen Handlungsimpuls erfahre, dann ist es auch gut. Dann ruhe ich in der göttlichen Präsenz, die ich wertschätzend wahrnehme und genieße, und weiß ganz tief in meinem Herzen, egal wie die Erfahrung ist: alles ist gut. Alles ist so, wie es sein soll. Nur Gott ist, nur unbegreifliche göttliche Vollkommenheit ist, nur bedingungslose Liebe ist. Und in meinem Einssein mit Gott durch Christus bin auch ich in diesem Augenblick durch die Teilhabe an der göttlichen Natur vollkommen und heilig. Gott stellt keine Forderungen an mich. Er sieht mich an, und sieht in diesem Moment nur Christus, und damit Heiligkeit und Vollkommenheit. In dieser Wahrheit der göttlichen Wirklichkeit ruhe ich in diesem Augenblick.

Aber immer ist Gott der Denker, der Planer und auch der Handelnde, das eine ungeteilte Leben, welches sich in vielen Aspekten in der Welt der Erscheinungen zeigt. Diese Verwirklichung Gottes als Mensch ist der eine Weg, die einzige Methode und das einzige Ziel. Nur Gott ist, es gibt nur Vollkommenheit in Christus, göttliche Liebe und das eine ungeteilte Leben. Und wir tragen die segnende, heilende und transformierende Ausstrahlung der göttlichen Gegenwart und Liebe in unsere Lebenssituation hinein. Durch uns als freiwillige Mitwirkende will Gott sein Reich bis in die Welt der Wahrnehmung, also unseren gewohnten Alltag, hinein ausdehnen. Gottes Sein umhüllt und umschließt mein Sein. Wohin mein Blick auch fällt, mit den Augen Gottes nehme ich nur Gott in allem was ist wahr. Mein Bewusstsein, durchdrungen von der Gegenwart Gottes, bringt alles, was von mir wahrgenommen wird, in Kontakt mit der liebenden, transformierenden, heilenden und segnenden Gegenwart Gottes. Der schlummernde Funke der Gegenwart und Liebe Gottes soll nicht nur in uns, sondern auch durch uns und um uns herum zum hellen Feuer entfacht werden. Christus hat uns als das Licht der Welt bezeichnet. Was immer meine Sinne und mein Bewusstsein berühren, erfährt eine göttliche Berührung ohne dass ich mich durch eigene Anstrengung darum bemühen müsste. Gott möchte einen Flächenbrand auslösen, um seine Gegenwart in jeden Winkel unserer Realität hinein manifestieren zu können, bis Alle und Alles wieder mit Ihm rück verbunden sind und die von Christus gewirkte Einheit mit Gott unser aller beständige Erfahrung ist. Und hiervon können Menschen und Umstände positiv beeinflusst werden unabhängig von Hautfarbe und Kultur, unabhängig von Sprache und Geschlecht, unabhängig von Herkunft und Alter.

Auferstanden!

Keine Einflussmöglichkeit! Kein freier Wille! Keine Kontrolle über die Umstände meines Lebens! Das hört sich im ersten Augenblick sehr hart an. Aber...

Wir erleben in den kostbaren Augenblicken von Bewusstheit, Präsenz und Gewahrsamkeit in unserer gemeinsamen Erfahrung der Welt der Erscheinungen die Ausrichtung unserer Aufmerksamkeit auf unsere wahre Identität als ungetrennt und eins mit Gott.
Und quasi simultan nehmen wir die aktuellen Ereignisse unserer Alltagswelt wahr. Mit allen Gefühlen, Gedanken, Bildern, inneren Überzeugungen und Glaubensmustern. Diese sind ein dauerhaftes Überbleibsel unserer Prägung durch die Erziehung und die kulturellen Umstände, die wir erfahren haben, inklusive aller dazu gehörigen unaufgefordert mitgelieferten Interpretationen durch unsere menschlichen »Lehrer« in der Phase unserer Prägung.

In der Welt unserer Sinne erleben wir zeitgleich die tiefe und innige Verbundenheit mit Allem und mit Gott sowie das schmerzliche und quälende Gefühl des scheinbaren Getrenntseins vom Urquell unseres Lebens.
Mein aktuelles Lebensszenario kann ich mit meinem Gehirn und meinen beschränkten Möglichkeiten der Beurteilung gar nicht in seiner Komplexität überblicken. Also durchforste ich meine wahrnehmbaren Gefühle, meine Gedanken und ihre begleitenden Bilder sowie die

hiermit in Verbindung stehenden inneren Überzeugungen immer nur dann, wenn mein göttlicher Lehrer den Impuls hierzu in mir auslöst und somit meine Aufmerksamkeit weckt. Und wenn ich nicht wegsehe, sondern bewusst hinsehe, wenn ich wertschätze und respektiere, was da gerade abläuft in meinen Gedanken und inneren Bildern, meinen Urteilen und Überzeugungen, meinen Glaubensmustern und Emotionen, in meinen Widerständen, wenn ich gerade mit jeder Faser meines Seins der festen Überzeugung bin, dass das Leben ungerecht ist und anders sein sollte, als es jetzt gerade ist, dann, genau dann ist die liebevolle Annahme dessen was gerade geschieht gefragt. Umarme das Leben, so wie es gerade ist, und liebe Dich mit allen Facetten Deines Lebens, so wie Du gerade bist. Lass Dich vom Leben umarmen und berühren. Alles was in diesem Moment ist, darf genau so sein. Und wenn Du durch Deine Wertschätzung und Annahme, Deinen Respekt und Deine bedingungslose Liebe auch alle Deine Widerstände so sein lässt, wie sie sind, wirst Du feststellen, dass der, der Dich lebt, der, der als Du lebt und handelt, eine erstaunliche Transformation einleitet. Du wirst Dir der göttlichen Präsenz gewahr, und Du weißt ganz tief drinnen, alles ist vollkommen, alles ist gut, egal was Deine Sinnesorgane und Dein Gehirn in diesem Moment an Signalen vermelden. Und dieses absolute überzeugt sein von der göttlichen Präsenz und dieses Wissen um Vollkommenheit in einer scheinbar so unvollkommenen Welt, strahlst Du auch wieder hinein in Deine Umgebung. Und so hilfst Du mit, ohne selbst Kontrolle über diesen Vorgang zu haben, das Licht und die Liebe Gottes zu manifestieren, nicht nur in Deinem eigenen Leben, sondern auch in Deinem Umfeld. Und Du trägst somit zur Aussöhnung des scheinbar Widersprüchlichen bei. Du siehst Deine Mitmenschen an, ob Freund oder Feind, weiß oder schwarz, alt oder jung, sympathisch oder unsympathisch, und weißt, dass Du eigentlich nur Licht und Liebe, also eine Mensch gewordene Manifestation Gottes wahrnimmst, dass Du also eine menschliche Erfahrung Gottes vor Dir hast. Im Grunde nichts als göttliche Essenz und göttliche Substanz, gegossen in eine menschliche Form. Eine Manifestation Gottes, die sich ihrer göttlichen Herkunft und ihres Eins seins mit Gott in Christus noch nicht bewusst ist. Und Du kannst dazu beitragen, dass diese Transformation stattfindet. Du kannst hierdurch zur Ausbreitung des Reiches Gottes beitragen. Du kannst dazu beitragen, dass Menschen und Umstände überirdischen Frieden und die verwirklichte Gegenwart Gottes ungeachtet des konkreten Kontextes erfahren können. Ganz nach dem Schriftzitat: und das Wort wurde Fleisch. Deine Mitmenschen als eine greifbare Idee Gottes, ein in die Welt der Wahrnehmung eingetretener Gedanke Gottes. Und durch Deine wertschätzende Annahme Deiner Mitmenschen als lebendiger Ausdruck des Einen, löst Du in ihnen eine Art Initialzündung aus. Der im Menschen ruhende göttliche Funke wird zum hellen Licht. Durch Deine praktizierte bedingungslose Liebe und Annahme in respektvoller Haltung erwacht in Deinen Mitmenschen eine Art Erinnerung, wer sie wirklich sind. Licht und Liebe. Gott, manifestiert als Mensch. Eine Idee im Herzen Gottes. Gott, der eine menschliche Erfahrung macht, nachdem er als Schöpfer in die Welt der Wahrnehmung zur Verwirklichung einer Idee eingetreten ist. Das eine Ungeteilte, das sich als das Viele ereignet. Ein Leben, ein Sein! Nur durch die Schranken unseres Gehirns scheinbar voneinander getrennt dank des sogenannten Sündenfalls, welcher uns in unserer Wahrnehmung zu Kindern des Teufels gemacht hat. Das einzige wirkliche Unrecht aus der Sicht Gottes bestand seit diesem Sündenfall darin, dass der Mensch sein Bewusstsein von der Gegenwart Gottes und seiner Verbundenheit mit Gott verlor und sich seitdem in seiner Wahrnehmung als getrennt von Gott empfindet.

Mit dieser inneren Haltung als gelebtem Gebet (sich in Übereinstimmung mit der Sicht Gottes zu bringen, was übrigens die tatsächliche und echte Bedeutung des original aramäischen Wortes für Gebet ist; im Original: Gott eine Falle stellen) bringst Du Dich und Deine Wahrnehmung in Resonanz mit Gottes Wahrnehmung, Plänen und Handeln. Du schwingst auf der gleichen Wellenlänge mit Gott. Sein Wille ist Dein Wille.

Und statt in der üblichen eingangs geschilderten Hölle zu leben, befindest Du Dich bereits in der Jetztzeit im Himmel. Und keine Macht der Welt kann Dich daran hindern. Du musst nichts mehr suchen, denn Du hast längst gefunden. Sehr viele Menschen sind Sucher. Suchen an allen möglichen Orten, suchen bei allen möglichen Menschen, suchen in Seminaren und Büchern, und finden doch nicht. Die Suche verhindert das Finden. Die Suche hindert Dich daran, das wahrzunehmen, was Du schon immer warst und bist. Dass Du eine lebendige Manifestation der einen Quelle bist. Gott lebt in Dir als Mensch. Gott verwirklicht sich greifbar und wahrnehmbar als Du. Nur Du selbst nimmst das nicht wahr, weil Du ja mit der Suche beschäftigt bist. Dabei bist Du schon längst das, was Du suchst. Das merkst Du aber erst, wenn Du aufhörst zu suchen. Solange Du suchst, gehst Du in Deinen inneren Überzeugungen davon aus, dass Dir etwas fehlt, dass Du irgendeinen Mangel hast, dass Du irgendetwas brauchst, um Dich ganz und vollständig zu fühlen. Dass etwas repariert, geheilt und verändert werden muss. Dabei bist Du schon immer ganz, vollständig und vollkommen aus der Sicht Gottes. Vollkommener kannst Du nicht mehr werden. Also, hör bitte auf zu suchen. Dann wirst Du plötzlich »finden«. Finden heißt, Du nimmst dann plötzlich wahr, was schon immer war. »Christus in mir, die Hoffnung meiner Herrlichkeit«. Deine Sichtweise, Dein Fokus, Dein Blickwinkel wird ohne Dein Zutun transformiert und übergeführt in die Sichtweise Gottes. Der Schleier fällt. Du erkennst plötzlich das, was schon immer existiert hat. Dann weißt Du, dass Du weißt, wer Du bist und schon immer warst. Alles Suchen ist zu Ende.

Höre: der Himmel auf Erden bedeutet nicht, dass Du plötzlich über magische Fähigkeiten verfügst, dass Du plötzlich reich und schön bist (aus Gottes Sicht bist Du immer schön und geliebt, egal wie Du aussiehst, und Gott wird Dich immer mit dem Nötigen, was Du zum Leben brauchst versorgen), oder dass Du plötzlich ohne Probleme und Hindernisse durchs Leben gehst, von Erfolg zu Erfolg, von Sieg zu Sieg. Die Erfahrung des Himmels auf Erden bedeutet, dass Du aufgewacht bist zur Sohnschaft Gottes und Einheit mit Gott (gilt natürlich auch für Gottes Töchter!). Egal wo und unter welchen Umständen Du lebst.

Du akzeptierst damit die Regentschaft Gottes und seinen berechtigten Einfluss auf alle Details »Deines Lebens«. Gott ist alles, Du bist »Mitwirkender« und »Beobachter« einer Handlung, auf die Du keinen Einfluss hast. Gott muss Dich als scheinbar eigenständiges und unabhängiges Wesen zuerst ableben lassen, um Dich dann wirklich lebendig zu machen. Dein altes Ego mit all seinen lieb gewonnenen und über die Jahre angehäuften Mustern, Anschauungen, Glaubenssätzen, Überzeugungen, Bindungen und Anhaftungen muss zuerst sterben, bevor Du von Gott neues Leben geschenkt bekommen kannst. Erst wenn sich in Dir dieses wirkliche lebendig sein ereignet, was ich vorher den »dritten Weg« genannt habe, merkst Du, wie tot Du vorher warst in Deinem alten Bewusstsein der vermeintlichen Trennung von Gott. Da ist plötzlich unabhängig von den Umständen Deines Alltags ein neues Gefühl von Leichtigkeit und von Frieden, begleitet von einer stillen Freude und inneren Gelassenheit. Jetzt bist Du einverstanden mit dem Drehbuch und den Vorstellungen des Autors. Da ist kein Widerstand mehr gegen das was ist. Da ist kein Widerstand mehr gegen den Fluss des Lebens. Im Gegenzug erlebst Du statt dessen eine übernatürliche Ruhe und einen übernatürlichen Frieden in der Gewissheit: alles ist gut! Alles darf in diesem Augenblick so sein wie es ist.

Um zu leben, musst Du zuerst sterben. Es lebt sich hervorragend als »Toter« und dann wieder »Auferstandener«! Völlige Entspannung in der Quelle, völlige Gelassenheit, völliges Vertrauen in die göttliche Planung, Führung und

Gegenwart in Deinem Alltag. Es ist keine Einmischung Deinerseits von Nöten. Nur ununterbrochene Zustimmung, um an den für Dich vorgesehenen Segnungen teilzuhaben. Das ist auch die ursprüngliche Bedeutung des aramäischen Wortes shlama, des hebräischen Wortes Shalom und des arabischen Grußes As-salamu alaykum. Friede, Glück, Heil, Wohlergehen und alles Gute sei mit Dir. Lass Dich vom Allmächtigen , All-Liebenden, Allwirkenden und Allgegenwärtigen berühren. Lass Dich mit seiner wohltuenden und heilenden Präsenz erfüllen und genieße das Ergebnis dieser wundervollen Berührung. Und dann staune über die Transformation Deines Lebens.

Erfahrung I

Aus gesundheitlichen Gründen musste ich meine Arbeitszeit vor einigen Jahren auf 4 Arbeitstage pro Woche reduzieren. Eine möglicherweise lebensrettende Entscheidung. Ich litt an einem kompletten »Burn-out-Syndrom« nach finanziellem Bankrott und einem langjährigen Aufenthalt im spirituellen Tal der Tränen.

Der berühmte christliche Mystiker Johannes vom Kreuz hat diesen Zustand schon vor fast 500 Jahren niedergeschrieben in seinem Klassiker: »Die dunkle Nacht der Seele«. Wohltuend zu lesen, dass es sich hier um ein Phänomen handelt, welches wohl jedem spirituellen Sucher aus eigener leidvoller Erfahrung bekannt ist.

Ebenso das Eingeständnis, dass Du eigentlich gar nichts über Gott und dieses Universum weißt. Auch hier ist uns ein wunderbares Werk früherer Jahrhunderte übermittelt, wobei der Autor aus Gründen religiöser Verfolgung wohl lieber unbekannt bleiben wollte. »Die Wolke des Nichtwissens«. Ein spiritueller Klassiker. Beim lesen merkst Du, dass sich bereits seit vielen hundert Jahren Sucher und Sucherinnen die gleichen Fragen stellen, die tiefsten Täler durchwandern, von Zweifeln und Ängsten gequält werden und auch keine Patentlösung gefunden haben.

Aber von vielen Sucher/innen ist uns auch überliefert – aus Vergangenheit und Gegenwart – dass sie irgendwann ihren Frieden mit dem Urgrund unseres Seins gefunden haben. Sie haben ihre eigentliche Identität in ihrer himmlischen Heimat (wieder) gefunden. Sie waren innerlich tot, und wurden durch einen Eingriff der Gnade wieder lebendig. Unglaublich lebendig. Und es störte sie alle nicht, dass es sie als menschliches »Ich« eigentlich gar nicht mehr gab, sondern dass »ihr Leben« durch die lebendige Gegenwart Gottes gelebt wurde. Sie vertrauten sich von Augenblick zu Augenblick der göttlichen Führung an, und hatten als einzigen Lehrer die göttliche Salbung, den Geist der Gnade.

Das kann vermutlich nur derjenige wirklich nachvollziehen, der diese Erfahrung selbst erlebt hat. Angefangen mit der dunklen Nacht der Seele ohne jede Hoffnung im Herzen. Als Begleiter die stetige Empfindung, dass Du streng genommen bereits zu Lebzeiten tot bist. Alles in Dir fühlt sich kalt und tot an. Du fühlst Dich verloren in einem eiskalten Universum. Im Weiteren versuchst Du, Dich am eigenen Schopf aus dem Sumpf der Trennung vom Urgrund Deines Seins zu ziehen, und erlebst dabei nur Misserfolge. Aus dieser Erfahrung ergäbe sich auch als Buchtitel: »der Schmerz des Seins«. Es ist für Dich schmerzhaft einfach nur leben zu müssen. Du musst Ereignisse in Deinem Lebensumfeld wahr nehmen, die Du nicht wahr nehmen willst. Das Leben um Dich herum ereignet sich einfach und fragt Dich nicht um Deine Erlaubnis. Du erfährst auf Deinem mentalen Bildschirm Gedanken, die Du nicht denken willst. Auch diese Gedanken ereignen sich ohne Deine Zustimmung. Du erlebst Gefühle, die Du nicht fühlen willst und kannst diesen Vorgang nicht beeinflussen. In diesem Schmerz fühlst Du nur Ohnmacht und Hilflosigkeit. Und dann, wenn Du schon alle Hoffnung begraben hast, treffen plötzlich Lebenszeichen eines lebendigen Gottes ein. Da taucht dann in Deinem Leben eine Gegenwart auf, die realer ist als Dein Atem. Eine Präsenz, die wirklicher ist als der Schlag Deines Herzens. In Träumen erlebte ich, dass ich eins bin mit Gott und durch ihn verbunden bin mit allem-was-ist. Ich durfte fühlen, wie es ist, von Gott geliebt zu sein und in dieser Liebe baden. Ich durfte tiefste Geborgenheit in Gott erfahren. Ich durfte erfahren, dass die Quelle für ein in jeder Hinsicht erfülltes Leben in mir sprudelt, und es sinnlos ist, im Außen nach Frieden, Glück, Erfüllung und Geborgenheit zu suchen.

Ich nahm zur Kenntnis, dass alle Menschen, denen ich begegne, in ihrer Essenz und unsichtbaren Substanz eine sichtbare Verwirklichung Gottes sind (was mir bis zum heutigen Tag bei manchen Zeitgenossen durchaus nicht leicht fällt!). Und so gewann der altbekannte Satz: »Du sollst Deinen Nächsten lieben wie Dich selbst« und »das Wort wurde Fleisch« plötzlich eine neue und ganz konkrete Bedeutung.

An meinen drei arbeitsfreien Tagen nahm ich mir jeden Vormittag ein bis zwei Stunden Zeit , um mich alleine zurück zu ziehen und in Gott zu ruhen, mich in die Quelle allen Seins hinein zu entspannen und zu lauschen. Hier lehrte mich mein göttlicher Lehrer weitere wertvolle Lektionen und ließ mich bewegende Einblicke in seine himmlische Realität nehmen. Beispielsweise spürte ich den Impuls ganz ruhig zu werden und nur noch aktiv zu beobachten. Meine Aufmerksamkeit wurde von wechselnden Emotionen, von inneren Bildern und Gedankenfetzen angezogen. Dabei gab es mich als den Beobachter, das von mir Beobachtete in meinem

Geist und den durch meine Aufmerksamkeit gesteuerten Vorgang der Beobachtung. Dann war da plötzlich nicht einmal mehr ein Beobachter vorhanden, kein Zeuge der Geschehnisse mehr in Form eines persönlichen Ichs! Es tauchten nur noch Gedankenbilder vor dem nicht mehr präzise definierbaren Hintergrund des Seins als Bühne für diese Gedankenbilder auf. Das Auftauchen und Verschwinden dieser Gedankenbilder wechselte sich ab, aber da war kein persönliches abgrenzbares »Ich« mehr, welches wahrnimmt, benennt und urteilt. Das merkte ich aber erst, als mein »Ich« später wieder präsent war. Der Beobachter, der Zeuge war wieder da. Wo war der Beobachter, der Zeuge, also »Ich«, in der Zwischenzeit? Ich weiß es nicht. »Ich« merkte nur den Unterschied zwischen den beiden geschilderten Zuständen im Wechsel. Reine Gewahrwerdung, aber niemand, der diese Phase bewusst wahr nimmt. Was ist der »Hintergrund« dieses reinen Gewahrwerdens? Keine Ahnung. Ich kann es Dir nicht erklären. Aber als der Beobachter (also »Ich«) als bewusst Wahrnehmender wieder da war, löste diese Abfolge von Prozessen Wohlbefinden, Behaglichkeit und tiefen Frieden aus. Trotz offener Fragen keinerlei innere Unruhe.

Vor einiger Zeit ruhte ich wie gewohnt an einem meiner arbeitsfreien Tage in Gott, der Quelle unseres Seins. Es kam eine überirdische Ruhe und Klarheit über mich, in der es zur völligen Auflösung aller Polarität und Dualität kam. Die Hölle ist mir aus vielen Erfahrungen des Lebens bestens bekannt, auch der Himmel als meine wirkliche Heimat war mir vertraut mit der unübertrefflichen Erfahrung, dass Du Dich im Licht Gottes quasi auflöst. Aber während dieser Erfahrung existierst Du immer noch als Person, die das ganze Ereignis wahrnimmt und genießt. Dieses mal war es nochmals anders. Anders im Sinne von noch tiefer gehend. Ich durchschritt sozusagen die Verschmelzung mit Gott und transzendierte den sogenannten Himmel bis hin zum Anfang von Allem (ich erzähle zwar immer in der aktiven Form, aber es sollte klar sein, dass diese Ereignisse nicht meiner Kontrolle unterliegen, sondern dass die Gnade Gottes dies alles geschehen lässt, warum auch immer). Die Väter der orthodoxen Kirche des Ostens versuchen diesen Vorgang zu beschreiben mit den Worten: Du verschmilzt mit dem ungeschaffenen Licht, Du tauchst ein in die völlige Auflösung in Gott noch vor dem Akt irgendeiner konkreten Schöpfung oder Manifestation. Also bist Du eins mit Gott, unbegrenzt und völlig zeitlos, noch bevor das göttliche Wort; »es werde, und es ward« gesprochen war (oder wird?). Da existiert kein »Ich« mehr (das vermisst Du in diesem Augenblick auch nicht). Da ist nur noch Gott, das was im Osten als das Eine bezeichnet wurde, welches Alles ist. Völlige Stille, völlige Bewegungslosigkeit. Die Fülle in der Einheit. Nur bedingungslose ungerichtete Liebe und Harmonie an der Grenze zur Glückseligkeit. Göttliche Lust ohne Lustobjekt.

Irgendwann tauchst Du wieder in Deinem Gebetsstuhl auf, und stellst fest, die Gegenwart Gottes ist immer noch da. Jetzt weißt Du ganz tief in Deinem Herzen, dass Du eine neue Schöpfung in Christus bist (auch wenn Du Dich nicht immer so verhältst) und spürst die Anwesenheit des einen ungeteilten Lebens, des Lebens Gottes, in Dir fließen und pulsieren. Du weißt unwiderruflich, dass Du immer und überall von dieser einen Präsenz eingehüllt und durchströmt bist. Eine innere Gewissheit bezüglich dieser All-Präsenz, die Dir Nichts und Niemand mehr rauben kann.

Und wenn Dich dann der Alltag wieder einholt, dann registrierst Du den feinen göttlichen Impuls, Deine Aufmerksamkeit in völliger Bewusstheit auf Deine wirkliche Identität zu richten, und im Prinzip weißt Du dann im selben Augenblick schon ganz tief in Deinem Herzen, wie sich das alles, was Dein Leben und die konkrete Erfahrung ausmacht, für den Schöpfer von allem-was-ist darstellt. Du kannst auf ein eigenes Benennen und Beurteilen verzichten, Dir genügt das göttliche Urteil und die göttliche Sicht. Ohne Zeitverzögerung teilt Gott dann seine Wahrnehmung und seine Gedanken mit Dir. Du bist dann fest verankert im Bewusstsein der göttlichen Gegenwart. Deine dann geöffneten spirituellen Sinne nehmen im Alltag beständig die eine Präsenz als festes Wissen um diese Gegenwart wahr. Und wenn Du dann keinen Widerstand leistest gegen das was gerade ist , kann Gott in Dir und durch Dich und um Dich herum seine Ideen verwirklichen, und die Liebe, die in der Vollkommenheit des Augenblicks ist, für Dich frei setzen, in welcher erfahrbaren Form auch immer. Dann bist Du das Licht der Welt und das Salz der Erde. Und Du freust Dich einfach, unabhängig vom Ergebnis der aktuellen Situation, dass Du Mitarbeiter und Mitwirkender der himmlischen Firma bist und Deinen Beitrag leistest, dass das Reich Gottes sich auf Erden ausbreitet. Dass Gottes Gegenwart und Einfluss sich auf Deine Mitmenschen nah und fern ausdehnt nach dem bekannten Gebet: »Dein Reich komme, Dein Wille geschehe, im Himmel wie auf Erden«. Und keine Macht dieser Welt kann das verhindern. Du kannst also alle Deine persönlichen Kämpfe und Kriege beenden. Dein Beitrag, Licht auf unseren Planeten zu bringen besteht also nur darin, dass Gottes manifeste Gegenwart sich vollständig in Deinem Leben verwirklichen kann. Die eine Macht, die eine Quelle, das eine Gesetz, die eine Präsenz, die eine Kraft.

Wie sich diese Verwirklichung Gottes dann auswirkt und konkret zeigt, liegt nicht in Deiner Hand. Oft bekommst Du nicht einmal Kenntnis vom Ergebnis des Wirkens Gottes. Das macht aber nichts, ganz nach dem Motto: »dabei sein ist alles«. Gott weiß, was er tut, Du kannst Deinem Schöpfer , Erhalter und Versorger vertrauen. Und Du kannst gewiss sein: Unser Geliebter liebt alle Zeit allumfassend und wirkt stets zum höchsten Wohl aller Beteiligten.

Erfahrung II

Manche tiefe Einsichten in Deine aktuelle Situation gewinnst Du weder in Deiner stillen Zeit (ich bleibe gerne bei der Formulierung: Ruhen im Herrn) noch in Träumen, sondern durch unerwartete Inspiration im ganz normalen Alltag. Um tiefe Einsichten zu gewinnen, ist übrigens Dein – in der Regel zu Deinem Nachteil – von diversen Emotionen dominierter Verstand völlig ungeeignet. Der Verstand ist im Einzelfall durchaus ein brauchbarer Diener, aber immer ein schlechter Herr. Mit Deinem von Deiner momentanen Emotionalität gefärbten Verstand lassen sich nun mal keine Probleme lösen, die durch eben diesen Verstand und Deine Reptilhirn gesteuerten Emotionen überhaupt erst entstanden sind. Gleiches gilt, wenn Du in Geschehnisse verwickelt bist, die als Problem oder spezieller Umstand von außen an Dich heran getragen werden. Und Du, wie jeder Mensch, die automatisierte Neigung hast, Dich hierdurch angegriffen oder sonst irgendwie bedroht zu fühlen, mit der scheinbaren Notwendigkeit, Dich zu verteidigen oder zum Gegenangriff über zu gehen. Dieser Reptilhirn gesteuerte Automatismus ist durch für Dich unangenehme Erfahrungen über Jahre und Jahrzehnte gewachsen, und lässt sich nicht einfach per Knopfdruck abschalten. Da bedarf es dann sehr regelhaft eines Impulses von Innen, also einer Regung Deiner inneren Stimme oder Intuition oder wie immer Du es nennen möchtest, wenn Gott, der Urgrund allen Seins, die Quelle von allem-was-ist, sich Dir in geistiger Form mitteilt.

Vor wenigen Jahren hatte ich eine für mich unangenehme Auseinandersetzung mit zwei Behörden gleichzeitig, ausgelöst durch einen eigentlich harmlosen Verwaltungsvorgang. Beide Behörden bearbeiteten unabhängig voneinander letztendlich ein und den selben Vorgang. Was die eine Behörde mir nach längeren Auseinandersetzungen auf dem Verwaltungsweg als Zahlung zukommen lassen musste, wurde von der anderen Behörde quasi eins zu eins wieder einkassiert. Also wie in den Karikaturen, in denen Dir jemand einen Geldschein in die linke Hosentasche steckt, und eine andere Person Dir dieses Geld wieder aus der rechten Hosentasche wegnimmt (in der Karikatur wie im richtigen Leben sind Geber und Nehmer unterschiedliche Behörden, der Hosenträger bist Du als Bürger). Dass dieser Vorgang der kassierenden Behörde dann im amtlichen Juristen- Deutsch auch noch als »Günstigerprüfung« tituliert wurde, war der Tropfen, der bei mir das Fass zum Überlaufen brachte. Theoretisch sollte diese sogenannte »Günstigerprüfung« nach dem Willen des Gesetzgebers eigentlich zu dem für den Bürger günstigsten Ergebnis führen (deshalb ja auch der Name). Im gelebten Behördenalltag wird diese Formulierung wohl allerdings genau anders interpretiert, nämlich ein für den Staatshaushalt möglichst günstiges Ergebnis. Im Sprichwort heißt es: »wenn zwei sich streiten, freut sich der Dritte«. Im bürgerlichen Alltag musste ich die Erfahrung machen, dass die Behörden sich einig darin waren, formal juristisch korrekt zu handeln, und ich somit bei zwei lachenden Einigen der weinende Dritte war. Ich fand das tierisch ungerecht und habe mich höllisch über dieses ungerechte

System und die unmenschlichen Behörden aufgeregt. Ich fand mich sogar in meinem Grundrecht auf Menschenwürde erheblich beeinträchtigt (laut Grundgesetz ist die Würde des Menschen unantastbar. Da gibt es aber wohl unterschiedliche Auffassungen bezüglich einer allgemeinverbindlichen Definition dieses Begriffs »Menschenwürde«). Ich fühlte mich nicht nur ungerecht behandelt, sondern durch diesen Begriff »Günstigerprüfung« zusätzlich noch verhöhnt und erheblich diskriminiert. Mein inneres Stimmigkeitsempfinden und Gerechtigkeitsbewusstsein waren somit in kompletter Aufruhr. Was aus Sicht der beiden beteiligten Behörden mit Sicherheit ein banaler und keinesfalls persönlich gemeinter alltäglicher Routinevorgang war (diese Behörden bearbeiteten den Vorgang ja auch jede für sich und völlig unabhängig von einander), und nach den gültigen gesetzlichen Bestimmungen wohl auch ganz legal ablief, verursachte bei mir ein emotionales Erdbeben. Mein Reptilhirn flutete meinen Körper mit Stresshormonen jeglicher Art, und das hierdurch verursachte neuronale Gewitter verhinderte jegliche logische Denkfähigkeit (der Gesetzgeber kann nun mal nicht jeden theoretisch denkbaren Einzelfall in allen möglichen zufällig zusammen treffenden Konstellationen und Kombinationen regeln). Der Blutdruck stand mir tagelang unter der Schädeldecke und ich hatte ziemlich ausgeprägte funktionelle Herzbeschwerden über Tage hinweg. Ich nahm mir den Vorgang in gewisser Weise wörtlich zu sehr zu Herzen. Die durch diesen behördlichen Routinevorgang in Bewegung gesetzte, für mich unkontrollierbare und komplett vollautomatische Gedankenschleife in meinem

Kopf begleitete mich von da an sofort beim Aufwachen, war den ganzen Tag über mein treuer Begleiter, und war in den Nächten mit sehr unruhigem Schlaf auch die letzte mentale Aktivität. Mit jedem Tag steigerte ich mich mehr in dieses staatlich begangene »Unrecht« hinein (Du erinnerst Dich: die Kinder des Teufels!) und füllte perfekt meine Opferrolle aus. Und meine körperlichen Beschwerden wurden immer schlimmer. Als es mir an einem der folgenden Tage besonders übel ging, und ich mich in dieses Täter- Opfer- Spiel ganz tief verstrickt hatte, stand von einer Sekunde auf die andere plötzlich und wirklich komplett unerwartet ein Satz in meinem inneren Erleben. Dieser Satz durchzuckte mich wie ein Blitz aus heiterem Himmel. »Willst Du Recht behalten oder willst Du glücklich sein??«. Dieser plötzlich auftauchende Satz traf mich mitten in mein im übertragenen Sinn verwundetes Herz. Und ich wusste, ich musste mich jetzt und sofort entscheiden, die Opferrolle los zu lassen, und die Situation so wie sie war ohne wenn und aber zu akzeptieren. Umarme Dein Leben, so wie es ist! Vor dieser inneren Eingebung wäre mir das völlig unmöglich gewesen. Sekunden danach fühlte sich dieser Prozess des Loslassens und der Hingabe an das Leben, so wie es eben gerade war, völlig natürlich und stimmig an. Und quasi wie von selbst war das Problem Vergangenheit. Und ich hatte streng genommen Nichts selbst aktiv dazu beigetragen. Alle meine Beschwerden waren von dieser Sekunde an wie weg geblasen, mir ging es wieder gut. Mein Reptilhirn war im Ruhemodus, der Verstand fassungslos, emotional fühlte ich völligen inneren Frieden. Ich bin dem Himmel im wahrsten Sinn des Wortes dankbar für diese Erfahrung, und betone nochmals: das kannst Du nicht durch positives Denken oder irgendeine beliebige sonstige sogenannte Erfolgsmethode erarbeiten. Das ist ausströmende göttliche Gnade.

Wie ich vorher schon ausführte, der Himmel definiert Gerechtigkeit anders als wir Menschen. Göttliche Gerechtigkeit bedeutet, dass Gott uns durch seine Gnade wieder an sich selbst annähert, sich wieder mit uns rück verbindet (»Religio«!), und somit den seit dem »Sündenfall« erlebten Zustand der Trennung wieder aufhebt, was aus Gottes Sicht das einzige Unrecht ist, welches es zu beseitigen gilt. Damit wird es uns überhaupt erst möglich, ganz bewusst durch diese Wiedervereinigung die für uns vorgesehene Einheit mit Gott zu erfahren. Damit erfahren wir erneut unsere wahre Heimat in dieser Einheit mit Gott. Und unsere schon immer vorgesehene definitive Bestimmung kann sich hierdurch bereits hier und jetzt in unserem Erfahrungsbereich erfüllen.

Gedicht zu Gottes Güte

Und seh ich um mich auch nur Finsternis,
so glaub' ich doch an Gottes Güte,
und hoff', dass alles Dunkel
doch im Kern nur Licht ist,
und führt den Mensch zu voller Blüte.

Ich spür', dass eins sind Mensch und Gott,
verbunden Alles ist mit Allem,
das nur ein Trugbild ist des Menschen Not,
und wenn das Bühnenstück zu Ende ist,
es allen hat gefallen.

Nachwort

Mensch, der du glaubst, du hättest Macht (Botschaft an alle Kinder des Teufels): Du bist ein Nichts, welches sich in illusionärer Realitätsverkennung als ein bedeutsames Etwas wahrnimmt. Du verfügst über keinerlei Macht. Wenn die Menschen um dich herum aufwachen und merken, dass du ein nacktes Nichts bist, und ihre gewohnten Rollen ablegen, dir alle Aufmerksamkeit entziehen und dir jeden Gehorsam verweigern, indem sie die bisherigen Spielregeln für ungültig erklären und den Spielplan neu schreiben, dann spürst du nur noch Ohnmacht, Hilflosigkeit und Bedeutungslosigkeit. Alles, worüber du dich definiert hast, existiert nicht mehr. Du bist nur noch ein Staubkorn im Kosmos, ein winziger unbedeutender Augenblick in der Ewigkeit.

Wie kamst du zu der naiven Annahme, du hättest Macht? Hast du Macht darüber, ob und wie lange dein Herz schlägt? Hast du Macht über die Naturgesetze? Hast du Macht, Quellen mit Wasser sprudeln zu lassen? Hast du Macht, Luft zum Atmen zur Verfügung zu stellen? Hast du Macht, Naturkatastrophen zu verhindern? Hast du Macht, Leben zu erschaffen und zu erhalten? Hast du Macht über die harmonische Steuerung tausender Funktionen zeitgleich in deinem Körper zu bewirken und zu koordinieren? Kannst du mit deiner vermeintlichen Macht deine Gene beliebig an oder aus schalten, um so den Krebs zu vermeiden? Hast du Macht über das Weltklima? Hast du Macht über die Liebe, die du erlebst, über die Freude, die in dir fließt oder über den

Zustand inneren Friedens und Glücks? Hast du Macht darüber, welche Ereignisse dir vom Leben präsentiert werden und welche Erfahrungen du machst? Hast du Macht über den Wechsel von Tag und Nacht und über den Wechsel der Jahreszeiten?

Ich sage es dir noch einmal ganz deutlich: du hast nicht die geringste Macht! Es gibt nur eine einzige Macht: Gott, die Quelle von Allem-was-ist. Der Ursprung von Allem und der Erhalter von Allem. Wenn der Allmächtige auch nur den Bruchteil einer Sekunde nicht mehr an dich denkt existierst du nicht mehr. Nur diese eine Macht ist real, diese eine Kraft, diese eine Quelle und Gegenwart. Alles andere ist Illusion. Wir können nur an dieser Macht teilhaben in dem Maß, wie wir uns dieser einen Macht hingeben. Nur wenn »Du« stirbst, kann »ER« in Dir als Du leben. »Nun nicht mehr ich, sondern Christus lebt in mir« schrieb einmal der Apostel Paulus. Und er sagte weiter: »und ich sterbe täglich, damit ER immer mehr Gestalt in mir gewinnt«. »Ich muss abnehmen, damit ER zunehmen kann«, sagte Johannes, der Täufer. Oder um es mit Paulus ganz kurz auf den Punkt zu bringen:« Nun nicht mehr ich, sondern Christus lebt in mir«.

Du fühlst dich innerlich tot? Glückwunsch! Erst wenn du so weit gekommen bist, kann Christus dich mit seiner Gegenwart erfüllen und mit seinem Leben, seinem Frieden, seiner Freude und seiner Fülle beschenken. »Stirb«, um endlich zu leben.

Du kannst dir diese neue Lebendigkeit nicht erarbeiten, du kannst dich nur beschenken lassen. Zeit und Umstände bestimmt der EINE Unaussprechliche. Du hast keinerlei Macht, diese Veränderung selbst zu erarbeiten und dir zu verdienen. Du hast keine Macht darüber, wann und wie es geschieht. Selbst den Glauben, das Vertrauen darauf, kannst du nicht selbst bewirken. Du bist völlig abhängig von Gottes Gnade, von Gottes unverdienter Gunst. In Christus ist alles bereits da (denk daran:« es ist vollbracht«!). Du musst nur warten, bis die ersehnte Transformation geschieht. Und diese geschieht garantiert. Nur den Zeitplan bestimmst nicht Du. Aber das Ereignis steht bereits fest: Du wirst » eine neue Kreatur in Christus«. Der Schöpfer dieser neuen Kreatur bist aber nicht Du, sondern Gott. ER ist die einzige Macht, ER übt alle Macht aus, ER ist der eine Allmächtige! ER ist auch die einzige Gegenwart, die einzige wirkliche Substanz, die letzte Wirklichkeit und Wahrheit. Und spätestens, wenn Gott sich in Deinem Leben als mächtig erweist, weißt Du mit Deinen geistlichen Sinnen, der unbeirrbaren inneren Gewissheit, dass alles gut ist. Dass letztendlich alles Gottes Liebe ist und dass Du »in IHM lebst, webst und bist«. Und getragen von der erfahrenen Verbundenheit und Einheit mit Gott, bist Du auch teilhaftig der Herrlichkeit Christi und seines Friedens, der höher ist als alle Vernunft. Völlig unabhängig von Deinen äußeren Umständen! Egal wie diese sind, Deine innere Gewissheit ist wie ein Fels in der Brandung: »ich weiß, dass mein Erlöser lebt«. Und nichts und niemand hat die Macht, Dir diesen überirdischen Frieden zu nehmen und über Dich zu bestimmen. Dein Leben wird bestimmt von Gottes Gnade, Gottes Geist, Gottes Güte und Gottes Freundlichkeit. ER ist Dein Beschützer und Versorger, auch inmitten widriger Umstände. Und weil der Sieger in Dir lebt und Du eins bist mit diesem Sieger, und weil dieser Sieger die einzige Macht und Wirklichkeit ist, kennst Du auch bereits am Anfang das Ende. Du erfährst Siege, Liebe, Frieden, Freude und Fülle. Der Himmel beginnt für Dich bereits jetzt. Hier und heute. Willkommen in der Familie des Siegers!